KLARTEXT

Unser NRW

Reiseführer
zu Kultur- und Naturdenkmälern
in Nordrhein-Westfalen

Niederrhein

IMPRESSUM

1. Auflage September 2011

Konzept: Martina Grote
Redaktion: Winfried Raffel (Leitung), Bettina Schneider, Anica Bömke
Texte: Klartext-Verlag, Essen, Cyrano Kommunikation, Münster, Dr. Ralf J. Günther, Dr. Günter Matzke-Hajek, Dr. Lothar Schröder
Satz und Layout: Schacht 11, Essen

Titelfotos: Hans Glader (Wildgänse bei Kranenburg, Urdenbacher Kämpe bei Düsseldorf), Tobias Obert (Kloster Langwaden, Grevenbroich), Werner Stapelfeldt (Haus Koekkoek, Kleve)
Umschlaggestaltung: Volker Pecher, Essen
Druck und Bindung: Griebsch & Rochol Druck, Hamm

ISBN 978-3-8375-0620-4
www.klartext-verlag.de

INHALT

RUND UM VIERSEN UND KREFELD: NATUR UND NAPOLEONS UNVOLLENDETE

RUND UM GELDERN: SPARGEL, WINDMÜHLEN, ALTE RÖMER

RUND UM KLEVE: EIN KLIFF, VIEL BEUYS UND EINE DRAISINE

RECHTS DES RHEINS: BUNTE ESEL, ALTE DOPPELDECKER

RUND UM DUISBURG: WANDEL, GÄRTEN UND EINE PUMPENMARIE

ANHANG

HALLO KINDER!

Ich bin Nicki Nuss, das Maskottchen der NRW-Stiftung. Ich bin wohl das einzige Eichhörnchen, das gerne reist. Meine Artgenossen bleiben eigentlich lieber zuhause an einem festen Platz im Wald. Zusammen mit meinen Freunden Nina und Klaus, dem Frosch, reise ich im Auftrag der Nordrhein-Westfalen-Stiftung durch ganz NRW. Wir besuchen Schlösser und Burgen, erkunden dunkle Höhlen und durchstreifen tiefe Wälder. Auf meiner Internetseite www.nrw-entdecken.de könnt ihr uns auf dem Streifzug durch Nordrhein-Westfalen begleiten. Ihr werdet sehen, es ist ganz schön spannend hier. Zu allen Ausflügen im Buch, bei denen ihr mich entdeckt, könnt ihr euch Rätselfragen, Rallyes oder Bastel-Tipps von meiner Internetseite herunterladen. Natürlich erfahrt ihr auch, was Nina, Klaus und ich schon alles erlebt haben. Außerdem findet ihr auf www.nrw-entdecken.de Videos, Spiele und Experimente mit Schritt-für-Schritt-Anleitung. So wird euer Ausflug doppelt spannend.

Viel Spaß beim Entdecken!

Nicki Nuss

LIEBE LESERINNEN, LIEBE LESER,

Schloss Dyck in Jüchen, der Landschaftspark Nord in Duisburg, Schloss Moyland in Bedburg-Hau oder die Ruine der Kaiserpfalz im Düsseldorfer Stadtteil Kaiserswerth – diese Ausflugsziele sind den meisten Menschen in der Region und auch vielen Besuchern am schönen Niederrhein bekannt. Aber kennen Sie auch das kleine Fischerei-Museum in Kalkar-Grieth? Das Rhein-Deich Museum in Wesel-Bislich oder den Rundweg durch die Kulturerlebnislandschaft Dingdener Heide in Hamminkeln?
Manche in diesem Band beschriebenen Museen stehen den Besuchern täglich offen, andere haben nur am Wochenende oder nach telefonischer Anmeldung geöffnet. Die in diesem Reiseführer beschriebenen Ausflugsziele haben aber eines gemeinsam: Es sind Natur- und Kulturprojekte der Nordrhein-Westfalen-Stiftung Naturschutz, Heimat- und Kulturpflege.
Seit 1986 unterstützt sie landesweit ehrenamtliche Vereine und gemeinnützige Einrichtungen, die sich mit Herz und Hingabe für die Naturschönheiten und Kulturschätze des Landes einsetzen.
Es lohnt sich, vor der eigenen Haustür, aber auch in den anderen Regionen dieses schönen Landes einmal nachzuspüren, was mithilfe der NRW-Stiftung und ihrer Partner auf den Weg gebracht werden konnte. Gerne können Sie auch ganz persönlich „schützen, was Sie lieben", als Mitglied im Förderverein der NRW-Stiftung.
Der Band Niederrhein ist Teil einer achtbändigen Buchreihe, die zum 25. Geburtstag der NRW-Stiftung erschienen ist. Wer die vielen spannenden Facetten aus allen Regionen unserer Heimat Nordrhein-Westfalen entdecken möchte, der sollte sich auch die anderen Bände nicht entgehen lassen.

Ihre NRW-Stiftung

Rehmer See
Rhein
524
52
Angerbach
RATINGEN
3
Ruhr
Flughafen Düsseldorf
MEER-BUSCH
44
Schwarzbach
DÜSSELDORF
52
ERKRATH
NEUSS
Unterbacher See
Elbsee
46
57
59
HILDEN
Rhein
Norfbach
LANGEN-FELD
DORMAGEN
MONHEIM
542
1
2
3
4
5
6
7
8
9
10

DÜSSELDORF

FESTUNGEN, FLUSSAUEN, FREIE DENKER

Ein Besuch in Düsseldorf hat immer einen Schönheitsfehler – er ist zu kurz. Düsseldorf gehört zu den abwechslungsreichsten Städten Deutschlands – entsprechend viel gibt es hier zu sehen. Freilich: Es gibt Touristen, die eine Düsseldorf-Visite mit einem Bummel durch die Altstadt mit ihren rund 260 Lokalen, Pubs, Bars, Diskotheken und Restaurants gleichsetzen. Anderen genügt es, auf der Königsallee jenem Duft von Mondänität und Exklusivität nachzuspüren, wie ihn sonst angeblich nur die französische Hauptstadt verbreitet – schon Napoleon Bonaparte soll von Düsseldorf als „Klein-Paris" geschwärmt haben.

Fest steht: Die Landeshauptstadt mit ihren fast 590.000 Einwohnern hat mehr zu bieten als Modeschick oder die längste Theke der Welt. 26

Bild oben:
Düsseldorfs Altstadt – mehr als ein Vergnügungsviertel.

Museen und 100 Galerien, Oper, Theater, Konzerte, Kleinkunst und Festivals machen die Stadt zum kulturellen Zentrum der Region. Hier wirkten Schumann, Mendelssohn-Bartholdy und Brahms. Hier legte Kurfürst Carl Theodor 1773 mit der Eröffnung der Düsseldorfer Akademie den Grundstein für eine Entwicklung, die die Stadt zu einem Ort der Kunst von internationaler Bedeutung werden ließ. Viele der berühmtesten Künstler Deutschlands waren Absolventen der Akademie, die „Düsseldorfer Malerschule“ beeinflusste maßgeblich die Landschaftsmalerei des 19. Jahrhunderts, und auch in der Kunst der Gegenwart setzte Düsseldorf Impulse: Joseph Beuys, Markus Lüpertz und Jörg Immendorff lehrten an der Akademie. Bernd und Hilla Becher, deren Schwarz-Weiß-Fotografien von Fördertürmen, Hochöfen und Industrieanlagen internationale Anerkennung genießen, wurden zu Begründern der „Becher-Schule“, aus ihr gingen zahlreiche Stars der zeitgenössischen Fotografie hervor. Einer von ihnen, Andreas Gursky, lehrt nun mittlerweile selbst als Professor an der Kunstakademie. Viele große Namen also, ihnen nachzuspüren fällt nicht schwer, denn viele Museen und kulturelle Einrichtungen liegen so nah beieinander, dass sie bequem zu Fuß zu erreichen sind – und praktischerweise führen viele dieser Wege dann doch wieder durch die oder wenigstens in die Nähe der Altstadt.

Der alte Schlossturm ist ein letzter Zeuge des Düsseldorfer Stadtschlosses. 1882 ausgebrannt und im Zweiten Weltkrieg beschädigt, wurde das Gebäude renoviert und beherbergt heute das Schifffahrt-Museum.

Trotz des Touristenrummels kann der Besucher hier mehr tun, als nur den eigenen Durst zu löschen. Mitten in der Altstadt, im Geburtshaus Heinrich Heines, stehen fast wöchentlich Autorenlesungen auf dem Programm. Im Schatten von Dönerbuden, Steakhäusern und Rockkneipen haben schon Cees Nooteboom und Herta Müller gelesen. Auch das Filmmuseum hat seinen Sitz in der Nachbarschaft von Altbierschänken und Pizzabuden, die „Schule des Sehens“ erklärt die Tricks der Traumfabriken und spürt der Faszination der bewegten Bilder nach.
Nebenan, am Grabbeplatz, stehen zwei wichtige Museen vis à vis: Die Kunsthalle zeigt zeitgenös-

Unter der Rheinuferpromenade – in einem Raum, der zwischen den Tunnelröhren für den Autoverkehr liegt – entstand mit „Kunst im Tunnel" ein spektakulärer Szenetreff.

sische Kunst. Die Kunstsammlung NRW widmet sich den Werken des 20. Jahrhunderts, spannt den Bogen von Picasso bis Beuys. Einer der ungewöhnlichsten Ausstellungsräume liegt direkt unter der Rheinuferpromenade: In einem ehemaligen Betriebsraum zwischen zwei Tunnelröhren entstand mit der KIT („Kunst im Tunnel") ein spektakulärer Treffpunkt für Freunde zeitgenössischer Kunst. Nachwuchskünstler aus aller Welt zeigen Installationen, Malerei, Skulpturen, Video- und Fotokunst.

Auch Opernfreunde und Theatergänger zieht es nach Düsseldorf: Die Deutsche Oper am Rhein ist Spielstätte für Opern, Operetten, Ballett, Musical und Konzerte der Düsseldorfer Symphoniker, die Tonhalle gehört zu den außergewöhnlichsten Konzerthallen Deutschlands. Zahlreiche Theaterbühnen bieten Schauspiel von experimentell bis Boulevard. Bissiges wird im „Kom(m)ödchen" serviert, und Musicalfreunde sind im „Capitol" richtig. Das größte Theater Düsseldorfs ist in einem über 100 Jahre alten Straßenbahndepot in Oberbilk untergebracht. Wie lange auch immer die Vorstellung dauert – für einen anschließenden Absacker in einer zünftigen Altstadtkneipe ist immer noch Zeit. Keine Berührungsängste: Angeblich haben hier schon Beuys, Immendorff und Grass gemeinsam das ein oder andere Glas geleert. Außerdem: auch ein gut gezapftes Altbier ist ein kleines Kunstwerk.

Lust auf ausgefallene Gebäude? Der Düsseldorfer MedienHafen ist ein gelungenes Beispiel moderner Stadtentwicklung und besticht vor allem durch die einfallsreiche Architektur und das vielfältige Gastronomie-Angebot.

1 HEINE-HAUS

„Die Stadt Düsseldorf ist sehr schön, und wenn man in der Ferne an sie denkt, und zufällig dort geboren ist, wird einem wunderlich zu Muthe. Ich bin dort geboren und es ist mir, als müsste ich gleich nach Hause gehn. Und wenn ich sage nach Hause gehn, dann meine ich die Bolkerstraße und das Haus, worin ich geboren bin (...)"

Heinrich Heine, 1827: „Ideen. Das Buch Le Grand"

In der Düsseldorfer Altstadt muss es schon vor gut 200 Jahren lebendig zugegangen sein. Jedenfalls hat es den jungen Heinrich Heine, geboren übrigens als Harry Heine, auf der Suche nach einem ruhigen Plätzchen regelmäßig von der heimatlichen Bolkerstraße fortgezogen. Dann eilte der Junge zum benachbarten Hofgarten, um dort ungestört den „Don Quixote" lesen zu können. So zumindest erinnerte er sich später in Paris, seinem ewigen Exil, in das ihn die preußische Zensur getrieben hatte.

Heines Route zwischen Düsseldorf und der französischen Metropole mit all ihren Um- und Irrwegen ist eine lebenslange Erkundung danach, was ihm, dem deutschen Juden, der sich 1825 von einem Taufschein auf den Namen Christian Johann Heinrich vergebens das „Entreebillett zur europäischen Kultur" erhofft, das Rheinische und die Nation bedeuten könnten. Seine Geburtsstadt tat sich lange Zeit schwer mit ihrem berühmtesten Sohn: 1972 und 1982 scheiterte das Bemühen, die Düsseldorfer Universität nach dem Dichter zu benennen – bis sich der Senat am 20. Dezember 1989 nach 20 Jahren Streit endlich dazu entschloss. Doch bereits seit den 1950er-Jahren ist Düsseldorf bemüht, versäumtes Andenken nachzuholen: etwa mit Gründung der Heinrich-Heine-Gesellschaft im Jahr 1956 und dem Heine-Institut mit Forschungsstelle, Museum und Archiv 1970.

Tatsächlich haben die Düsseldorfer inzwischen viel für Heine und sein Werk getan. Und eines ist sicher: Die Bolkerstraße ist heute keinen Deut ruhiger geworden als damals zu Zeiten des jungen Heine. Als Tor zur Altstadt macht sie gleich am Anfang dem Besucher klar, wer heute hier den Ton angibt: Fast Food und Steakhaus zur Rechten, Kebab und Irish Pub zur Linken.

Allein ein gediegenes Haus mittendrin will nicht so recht zum konsequent bunten Erscheinungsbild passen: ein Buchladen mit schwerer Bronzeplakette über dem Eingang, die Heine abbildet

und das Bauwerk als Geburtshaus des Dichters ausweist. Am 13. Dezember 1797 soll Harry Heine hier das Licht der Welt erblickt haben. Beides ist – sagen wir es rheinisch – nicht so ganz richtig. Denn bis heute sind weder Geburtstag noch Geburtsjahr historisch gesichert. Klarheit herrscht indes über die Stätte der bedeutsamen Niederkunft. Und das war nicht das schmucke vordere Haus direkt an der Bolkerstraße, sondern ein angrenzendes Hinterhaus, das 1942 abbrannte. Von dem sind immerhin 80 Ziegelsteine übrig geblieben, eine Schar stummer Zeugen, die – zum Sockel formiert – im hinteren Bereich des heutigen Heine-Hauses die Dichterbüste tragen.
Das heutige Heine-Haus – ein Literaturzentrum, das durchaus seinesgleichen sucht: Im oberen Bereich des Gebäudes residiert die Heinrich-Heine-Gesellschaft; im Erdgeschoss hat das Buchhändlerpaar Rudolf Müller und Selinde Böhm mit seiner „Literaturhandlung" einen ganz besonderen kulturellen Anziehungspunkt geschaffen: Der Name ist dabei so sympathisch eigensinnig wie die Stätte selbst. Ein schmaler, langer Raum führt den Gast etliche Meter an Bücherregalen vorbei, und wer es schafft, der

Heute residiert in Heines Geburtshaus in der Bolkerstraße die „Literaturhandlung".

Informationen
Verein zur Förderung des Heinrich Heine Geburtshauses (e.V.)
Bolkerstraße 53
40213 Düsseldorf
Tel. 0211 / 31 12 522
www.heinehaus.de
www.Heinrich-Heine-Gesellschaft.de
www.literaturmueller.de

Die NRW-Stiftung hat gemeinsam mit der Stadt Düsseldorf das Geburtshaus Heinrich Heines erworben und für die Öffentlichkeit zugänglich gemacht.

Versuchung sofortiger Lektüre zu widerstehen, gelangt zu einem glasbedachten und säulenumstandenen Saal. Der wurde 2005 beim Umbau des Hauses der früheren Mata-Hari-Einkaufspassage abgerungen. Entstanden ist eine stimmungsreiche Stätte der Literatur, an der schon Nooteboom, Grünbein, Pastior, Bichsel, de Moor und andere gelesen haben. 120 Sitzplätze hat der Saal, der abends eine Arena der Erzähl- und Vortragskunst und tagsüber Bistro ist. Ein stiller Ort für Leser und jene, die als Käufer gekommen und Literaturstöberer geworden sind. Rote Sessel aus dem Fundus des Düsseldorfer Schauspielhauses wirken wie Reminiszenzen an alte Kaffeehäuser.

Dabei ist der Raum wie nebenbei auch ein kleines Museum – mit der Heine-Büste und der Installation „Bücher verwenden" von Suse Wiegand. Auf mehreren Regalbrettern zeigen uns dort die Bücher ausnahmsweise nicht ihren Rücken, sondern sind mit ihrem Blattschnitt zu sehen. Die stumme Bücherwand ist ein Denkmal für Dichtung – und vielleicht so etwas wie eine Grundsatzerklärung der beiden Buchhändler, die noch echte, also besessene Leser sind. Und die darum gemeinsam mit dem Förderverein des Heine-Hauses beinahe jeden Autor ihrer Wahl nach Düsseldorf zu locken wissen.

Das spektakulärste Kunstwerk gleichwohl ist vielleicht eine einzige Buchseite. Zwei mal drei Meter misst sie und will ein Extrakt aus Robert Musils „Mann ohne Eigenschaften" sein. Eine Art ultimativer Text – sagt zumindest der, der jene denkwürdige Seite komponiert und fotografiert hat: der Düsseldorfer Andreas Gursky, einer der gefragtesten und teuersten Fotokünstler der Welt. Großzügig vermachte Gursky sein riesiges Musilfoto „Ohne Titel 12" dem Heine-Haus als Dauerleihgabe.

Fazit: Man muss längst nicht mehr – wie noch zu Heines Jugendzeiten – mit einem Buch unterm Arm in den Hofgarten eilen, um Kultur genießen zu können. In Ruhe, mit Muße – und der Altstadt in Greifweite.

SEHENSWERT

Heine-Institut

Der Gang durch die Ausstellung führt die Besucher durch acht Räume, die jeweils ein zentrales Thema aus Heines Werk vorstellen und wichtige biographische Stationen vor Augen führen. Die Düsseldorfer Sammlung vereint mittlerweile 60 Prozent aller weltweit bekannten Heine-Handschriften.

■ Informationen
Bilker Str. 12-14
40213 Düsseldorf
Tel. 0211 / 89 95 574
www.duesseldorf.de/heineinstitut

Der Hentrichbau wurde umfassend saniert.

2 MALKASTEN

Seit jeher ließen Künstler hier ihren Ideen und Träumen freien Lauf; es entstanden Dichterwerke, bildreiche Reden und kühne Pläne: Bis heute ist die traditionsreiche Geschichte des Düsseldorfer „Malkastens", eines der ältesten Künstlervereine Deutschlands, lebendig.

„Lasst sie in den Malkasten, dass sie nicht auf die Straße gehen", soll der deutsche Kaiser einmal über die Künstleraktivitäten auf dem Jacobi'schen Anwesen gesagt haben. In dem im Gefolge der Märzrevolution 1848 gegründeten Künstlerverein fand sich Robert Schumann ebenso ein wie Thomas Mann. Oswald Achenbach und Johann Peter Hasenclever, Carl Friedrich Lessing und Emmanuel Leutze zählten zu seinen Gründern, Adolph von Menzel und Otto von Bismarck zu seinen Ehrenmitgliedern – nicht immer zum Wohlgefallen der Obrigkeit, die im Laufe der Jahrzehnte oft erfolglos versuchte, das freie Denken zu beschneiden.

Noch bis Anfang des 19. Jahrhunderts war das Jacobihaus Domizil des Philosophen Friedrich Heinrich Jacobi und Treffpunkt der großen Geister der Zeit: Goethe, Wieland, Klopstock, Wilhelm und Alexander von Humboldt zählten zu den Freunden des Hausherrn.

Wiesenflächen und Sichtachsen prägen den Jacobigarten.

Dessen Vater, der Zuckerfrabrikant Conrad Jacobi, hatte das Grundstück 1763 erworben. Ein Jahr später übernahm Friedrich das väterliche Geschäft, gestaltete das Gelände um und ließ einen Park im englischen Stil der Naturromantik anlegen. 1861 erwarb die Künstlervereinigung „Malkasten" das Anwesen. Heute liegen das Gelände und das in den 1950er-Jahren von Dr. Helmut Hentrich entworfene erneuerte Hauptgebäude mitten in der Düsseldorfer Innenstadt und gelten nach wie vor als Hort künstlerischer Inspiration. Hier suchen Künstler untereinander und im Austausch mit Gesellschaft und Politik Gespräch und Debatte.

Es hätte jedoch auch anders kommen können: Da die finanziellen Mittel fehlten, hätte das Grundstück mitsamt Jacobi'schen Gärten und Gebäuden zu Beginn der 1990er-Jahre beinahe verkauft werden müssen. Doch um den „Malkasten" zu retten, stellten 250 Studenten der Düsseldorfer Kunstakademie jeweils eines ihrer Werke für eine Versteigerung zur Verfügung – und setzten so zugleich eine tief verwurzelte Tradition des Künstlervereins fort: Dem „Malkasten" einzelne Werke zu schenken sowie Nachlässe und Skizzenbücher zu vererben, ist seit Vereinsgründung Tradition unter seinen Mitgliedern.

Heute ist der „Malkasten" wieder ein Ort des freien Denkens und der modernen Künste, der sowohl der Öffentlichkeit als auch der Wissenschaft als Treffpunkt zur Verfügung steht. Die Musiker der „Toten Hosen" sind hier ebenso anzutreffen wie der Künstler Markus Lüpertz. Zu einem großen Teil ist das wertvolle Erbe bedeutender Kunstschaffender dabei für Besucher zugänglich; große Sammlungen befinden sich im „Künstlerkeller", weitere Bestände werden im Archiv aufgearbeitet.

Mehr als einen kurzen Blick lohnt zudem die herrliche alte Parklandschaft des Jacobigartens, der als ein Ort der Ruhe und der Kontemplation angelegt ist. Ganz im Geiste des ehemaligen Hausherrn; ganz im Sinne Friedrich Heinrich Jacobis.

Informationen

Künstlerverein Malkasten
Jacobistraße 6a
40211 Düsseldorf
Tel. 0211 / 35 64 71
www.malkasten.org

Weinkellerei / Verwaltung des Gebäudeensembles:
Tel. 0211 / 35 64 71
www.malkasten.com

Restauration (Biergarten, Restaurant, Café):
www.mk-1.de

Die NRW-Stiftung half bei Sanierungsmaßnahmen im Festsaal und am Dach des Malkastens in Düsseldorf.

Für Kenner und Liebhaber der Keramik ein Muss: das Hetjens-Museum.

3 HETJENS-MUSEUM

Ein Mann und seine Begeisterung für Keramik legten den Grundstock für dieses Museum in unmittelbarer Nähe zum Rheinufer. Laurenz Heinrich Hetjens wurde 1830 in der Citadellstraße geboren. Damals allerdings sah es nicht so aus, als würde einmal ein Museum nach dem Düsseldorfer benannt, noch dazu eines, das in unmittelbarer Nähe zu seinem Geburtshaus liegen sollte. Denn mit zwölf Jahren begann Hetjens zunächst eine Sattlerlehre und trat später in die Königliche Preußische Postwagengesellschaft in Düsseldorf ein. Seine Gesellenjahre führten ihn nach Aachen, wo er es im Laufe der Zeit als technischer Direktor der ersten Gasmanufaktur zu Wohlstand und damit zu Lebensumständen brachte, die ihm viel Zeit für sein Steckenpferd ließen: die Keramik. Seine Vorliebe galt bis zu seinem Tod im Jahre 1906 insbesondere dem rheinischen Steinzeug der Gotik, der Renaissance und des Barock.

Seine kulturellen und finanziellen Hinterlassenschaften gingen an seine Geburtsstadt Düsseldorf – unter der Auflage, ein Museum mit seinem Namen zu gründen.

Gezeigt werden unter anderem diverse Objekte und Kostbarkeiten aus Afrika.

Informationen

Hetjens-Museum
Düsseldorf, Deutsches
Keramikmuseum
Schulstraße 4
40213 Düsseldorf
Tel. 0211 / 89 94 210
www.duesseldorf.de/hetjens/

Öffnungszeiten
Di 11-17 Uhr
Mi 11-21 Uhr
Do-So 11-17 Uhr

Die NRW-Stiftung erwarb eine bedeutende Keramiksammlung für das Hetjens-Museum und unterstützte dort die Ausstellung „Keramik am Niederrhein".

Und was einst mit der Leidenschaft eines Mannes begann, gilt heute längst als einzigartige Sammlung, die weltweit ihresgleichen sucht und in Düsseldorf dennoch nach wie vor als exquisiter Geheimtipp gehandelt wird. Immerhin vereint die Ausstellung die Entwicklung der Keramik von ihren Anfängen bis in die Gegenwart. 8000 Jahre Keramikgeschichte auf 2500 Quadratmetern Ausstellungsfläche. Von 2000 Exponaten im Jahr 1909 ist die Sammlung, die seit 1969 im historischen Palais Nesselrode untergebracht ist, mittlerweile auf 15.000 Ausstellungsstücke angewachsen.
Vertreten ist eine Vielzahl von Kulturen der Welt mit repräsentativen Zeugnissen, die von prähistorischen Kultobjekten über erlesene Porzellane bis hin zu Werken zeitgenössischer Künstler und High-Tech-Produkten reichen. Die Ausstellung präsentiert sämtliche keramische Materialien: die Irdenware, das Steinzeug, die Fayence und das Porzellan. Das wahrscheinlich eindrucksvollste Objekt der Sammlung: eine Raum füllende Halbkuppel, die um 1680 in Multan im heutigen Pakistan entstand.

Was mit der Leidenschaft eines Mannes begann, zählt heute zu den beeindruckendsten Sammlungen ihrer Art. Hier zu sehen: der Raum Ostasiatische Keramik.

4 KAISERSWERTHER DIAKONIE

Mit kaum einem anderen Namen ist der Düsseldorfer Stadtteil Kaiserswerth so fest verbunden wie mit dem von Theodor Fliedner (1800 bis 1864). 1836 gründete der protestantische Pfarrer gemeinsam mit seiner ersten Ehefrau Friederike die Kaiserswerther Mutterhausdiakonie. Der Beginn einer weltweiten Bewegung: Frauen in Tracht arbeiteten sozial und krankenpflegerisch, motiviert von ihrem Glauben und der Kraft der Gemeinschaft.

Helfen als historischer Gegenstand ist auch heute von größter Aktualität. Die Veränderungen im Gesundheitswesen verweisen mehr denn je auf die grundsätzlichen Aspekte von Hilfe und Pflege. Die Frage, wie eine Gesellschaft verantwortungsbewusst mit Menschen in Notlagen umgeht, ist eine bleibende Herausforderung, die bereits im 19. Jahrhundert formuliert wurde. Mit über 2000 Beschäftigten zählt die Kaiserswerther Diakonie heute zu den großen diakonischen Unternehmen in Deutschland. Und kaum ein anderer Ort eignet sich besser als Standort des ersten deutschen Pflegemuseums: Im ehemaligen Diakonissenkrankenhaus „Tabea“ entsteht derzeit das „Museum zur Kultur des Helfens“.

Hier soll in einer umfangreichen Sammlung das Thema „Pflege“ unter historischen, philosophischen, sozialen und religiösen Aspekten aufgearbeitet werden. Auf 420 Quadratmetern erwachen hier, eingebettet in ein historisches Gebäude aus dem Jahr 1903, 200 Jahre Geschichte der Pflege zum Leben.

Ein Schwerpunkt: die Professionalisierung der pflegerischen Hilfe im 19. Jahrhundert, eingeordnet in den jeweiligen historischen Kontext. Die Ausstellung zeigt den Besuchern konkrete soziale und gesundheitliche Notlagen von Menschen im 19. und 20. Jahrhundert und informiert über alternative Möglichkeiten der Hilfeleistung. Originale Kittel und Pflege-Utensilien oder Fotos von alten Rollstühlen illustrieren As-

Wer die Ausstellung entdecken will, muss die Türen eines historischen Krankenhausflures öffnen, Räume betreten und sich auf die Vergangenheit einlassen.

Informationen
Fliedner-Kulturstiftung Kaiserswerth
Zeppenheimer Weg 20
40489 Düsseldorf
www.fliedner-kulturstiftung.de
Besucherservice:
Tel. 0211 / 566 73 780

Die Eröffnung des Museums ist für den 25. November 2011 geplant.

Die NRW-Stiftung unterstützte die Einrichtung eines Museums zur Kultur des Helfens in der Kaiserswerther Diakonie in Düsseldorf.

pekte wie Motivation und Möglichkeiten der Helfenden, deren Ausbildung oder der allgemeinen Sterbefrömmigkeit. Abbildungen von hochmodernen Pflege-Robotern führen die Diskussion bis in die Gegenwart fort – und wollen so die Debatte um die Zukunft der Pflege anregen.
Ein Teil der Ausstellung konzentriert sich darüber hinaus auf den regionalen Aspekt und rückt Kaiserswerth als einen der Geburtsorte der modernen diakonischen Bewegung ins Zentrum. Und das über ein durchaus ungewöhnliches Konzept: Der Besucher wird über einen historischen Krankenhausflur geführt – originalgetreu restauriert, angefangen bei der farblichen Gestal-

Die Kaiserswerther Diakonie zählt heute zu den großen diakonischen Unternehmen in Deutschland.

tung der Wände bis zu den Lampen über den Türen. Wer diese Ausstellung entdecken will, muss also Türen öffnen, Räume betreten und sich auf die Vergangenheit einlassen.

Träger des Museums ist die Fliedner-Kulturstiftung, die eng mit dem Kaiserswerther Verband und der Kaiserswerther Diakonie verbunden ist. Das „Museum zur Kultur des Helfens" ist zentraler Bestandteil eines Kulturzentrums, zu dem auch die ehemalige Fachbibliothek für Frauen-diakonie und ein umfangreiches Archiv unter anderem mit dem Nachlass von Theodor Fliedner und den Archivalien der Kaiserswerther Diakonie gehören.

18 Informationstafeln erzählen von der wechselvollen Geschichte Kaiserswerths.

SEHENSWERT

Kaiserswerth
Kaum ein anderer Düsseldorfer Stadtteil besitzt so viel Charme wie Kaiserswerth. Die einstige Reichsstadt wurde 1929 eingemeindet; ihre lange Geschichte lässt sich etwa in der ehemaligen Stiftskirche St. Suitbertus nachverfolgen. Einen Besuch lohnt zudem die Altstadt mit ihren kleinen Cafés. In den Sommermonaten lässt sich ein Abstecher hervorragend mit einer Fahrt auf dem Rhein kombinieren.

■ Informationen
Weiße Flotte Düsseldorf
Tel. 0211 / 30 86 72
www.w-flotte.de

5 KAISERPFALZ

Die alte Pfalz Kaiserswerth lag einst nicht am Rhein, sondern im Rhein – der Wortteil „werth" (norddeutsch: „Werder") bedeutet soviel wie „Flussinsel". Auf diese Insel flüchtete sich bereits der Missionar Suitbertus vor den Sachsen – rund 1300 Jahre ist das her. Später gab es hier einen fränkischen Königshof und eine Pfalz der salischen Könige. Berühmt wurde dabei der Kaiserswerther „Königsraub" von 1062, die Entführung des zwölfjährigen Heinrichs IV. durch den machtbewussten Kölner Erzbischof Anno II.
Erst später entstand aber jene Burg, deren Ruinen man noch heute sieht: Sie wurde unter Friedrich Barbarossa erbaut, konnte aber erst kurz nach seinem Tod (1190) vollendet werden. Bis zu viereinhalb Meter dick sind die Mauern des kaiserlichen Bollwerks noch heute. Eine uneinnehmbare Festung. Beinahe. Denn zu Beginn des 13. Jahrhunderts leitete Adolph III. von Berg – nach erfolglosen Angriffen auf die Festung vom Wasser aus – kurzerhand den östlichen Rheinarm um und legte ihn trocken. Seine Truppen konnten so auf dem Landwege die Festung bestürmen und den befreundeten Bischof Otto von Münster aus der Burg befreien.
Es folgte eine wechselvolle Geschichte des Bollwerks. Seit Mitte des 15. Jahrhunderts war die Kaiserpfalz im Besitz des Kölner Erzbischofs. Zweimal stellte er sie französischen Soldaten zur Verfügung: 1689 und während des spanischen Erbfolgekrieges 1702. Gegner Kurkölns war damals der Herzog von Jülich-Berg Johann Wilhelm II., der in Düsseldorf residierende „Jan Wellem". Nach der Einnahme der Pfalz befahl er im August 1702, sie zu sprengen. Fast zwei Jahrhunderte wurde sie von da an als Steinbruch genutzt, bis Anfang des 20. Jarhunderts erste Sicherungsarbeiten begannen, um die Reste des Bauwerks zu erhalten.
Und so prägt die Ruine am Rheinufer noch heute die Silhouette von Kaiserswerth, das sich – obwohl seit 1929 Stadtteil von Düsseldorf –

über Jahrhunderte hinweg sein malerisches Bild bewahrt hat. An kaum einer anderen Stelle in Nordrhein-Westfalen sind Historie und Gegenwart, sind Episoden der Geschichte der Alten Welt und die Gegenwart der internationalen Metropole so dicht beieinander wie hier.
Nachdem die Stadt Düsseldorf und die Mitglieder des Vereins „Alte Pfalz“ in den vergangenen Jahren erhebliche Anstrengungen investiert haben, ist die denkmalgeschützte Anlage mittlerweile wieder für Besucher zugänglich. Auf 18 Informationstafeln erfahren sie beispielsweise Wissenswertes über die Geschichte des Bauwerks – und können zugleich einen herrlichen Blick auf den Rhein genießen. Seit Herbst 2002 lassen zudem Scheinwerfer das mehr als 800 Jahre alte Bollwerk des Kaisers Barbarossa auch nachts beeindruckend erstrahlen.

Informationen

Kaiserpfalz
Burgallee,
40489 Düsseldorf-Kaiserswerth

Öffnungszeiten
25. März bis 31. Oktober: täglich 10-18 Uhr
Information:
Förderverein Kaiserpfalz
Kaiserswerther Markt 23
40489 Düsseldorf
Tel. 0211 / 40 66 8
www.kaiserpfalz-kaiserswerth.de

Kinder

www.nrw-entdecken.de

Die NRW-Stiftung unterstützte den Verein Alte Pfalz bei der Anlage eines Besucher-Leitsystems.

Die Alte Pfalz in
Kaiserswerth.

Die Alte Waage auf dem Düsseldorfer Grafenberg ist noch da. Heute werden die Jockeys jedoch mit moderner Technik gewogen.

■ **Informationen**
Düsseldorfer Reiter- und Rennverein e.V. von 1844
Rennbahnstraße 20
40629 Düsseldorf
www.duesseldorf-galopp.de

Von Ende März bis Mitte Oktober finden regelmäßig Pferderennen statt. Führungen über das Gelände sind nach Absprache sowie an Renntagen möglich.

■ Die NRW-Stiftung unterstützte die Restaurierung des historischen Waage-Gebäudes auf der Galopprennbahn in Düsseldorf-Grafenberg.

6 WAAGEGEBÄUDE

Wer als Jockey ein Galopprennen gewinnen will, der sollte zwar kein Blei in den Knochen haben, aber Blei im Sattel kann manchmal durchaus notwendig sein: Ist das Gewicht eines Reiters für sein Pferd eine allzu leichte Bürde, so darf er nach den Regeln nur mit bleiernem Ballast an den Start gehen. Daher gehören zum Galoppsport nicht nur dramatische Zieleinläufe, aufregende Wetten und fantasievolle Damenhüte – sondern unbedingt auch die „Jockey-Waage“. Auf der Düsseldorfer Galoppanlage im Grafenberger Wald ist noch heute ein stilvolles Waagegebäude in Gebrauch, das 1913 erbaut wurde und jetzt unter Denkmalschutz steht.

Galopprennen mit Vollblutpferden haben ihre Wurzeln im England des 18. Jahrhunderts. In Deutschland veranstaltete man sie 1822 erstmals in Bad Doberan an der Ostsee. In Düsseldorf gab es die erste große Rennveranstaltung 1836 – damals organisiert vom „Verein für Pferderennen zur Aufmunterung der Pferdezucht in den Provinzen Westphalen und der Rheinlande“. Schon acht Jahre später wurde der Düsseldorfer „Reiter- und Rennverein von 1844“ gegründet, bei dem von Anfang an sportliche Ziele im Mittelpunkt standen. Der Düsseldorfer Rennverein gehört damit zu den besonders traditionsreichen Sportvereinen Deutschlands und ist zugleich der älteste ununterbrochen existierende deutsche Reiterverein. Waren anfänglich ausschließlich Kavallerieoffiziere darin organisiert, konnten ab 1851 auch Zivilisten Mitglieder werden.

Die landschaftlich so reizvolle Galoppanlage auf dem Grafenberg wurde 1909 eröffnet, weil ein zuvor genutztes Reitgelände auf den Düsseldorfer Rheinwiesen einem Hafenausbau zum Opfer gefallen war. Zwei Fachwerktribünen der alten Reitbahn wurden zunächst einfach auf den Grafenberg versetzt. Nach und nach entstanden hier aber auch neue Bauwerke, angefangen mit der prachtvollen Waage aus dem Jahr 1913. Seit 1985 steht sie unter Denkmalschutz – ebenso

Das klassizistisch anmutende, denkmalgeschützte Gebäude wurde 1913 in Betrieb genommen. Es dient als einziges Waagegebäude in Deutschland seit fast 100 Jahren immer noch dazu, Jockeys vor und nach dem Rennen zu wiegen.

wie das Haupttor und der „Totalisator“, das alte Wettgebäude, die beide von 1914 stammen. Auch die Nebentribüne von 1920/21 gehört zum denkmalgeschützten Ensemble. Die moderne Haupttribüne hingegen entstand erst 1989.

Dass sich die Jockeys „bei der Feststellung des Gewichts vor dem Abreiten gegenseitig zu bemogeln trachteten“, beklagte man in Düsseldorf immerhin schon 1850. Und 1876 hieß es noch eindeutiger: „Der Reiter von Glückauf, als Zweiter eingekommen, ließ sich nicht zurückwiegen, da er vor dem Rennen das Blei weggeworfen hat.“ Heutzutage kommen Unregelmäßigkeiten beim Wiegen zwar kaum noch vor, der Gang zum „Abwieger“ ist für die Jockeys aber nach wie vor zwingend. Erst wenn es beim „Zurückwiegen“ nach dem Rennen keine Beanstandungen gegeben hat, erfolgt die entscheidende Meldung: „Waage zu“. Einsprüche sind jetzt nicht mehr möglich, und die Wettquoten können veröffentlicht werden.

Seit mittlerweile fast 100 Jahren werden in der „Alten Waage“ auf dem Grafenberg Jockeys gewogen. Doch irgendwann bedrohte Feuchtigkeit das Mauerwerk, war die Elektrik in bedenklichem Zustand, war das Dach beschädigt. Heute präsentiert sich das Waagegebäude jedoch wieder in bester Verfassung und kann an Renntagen besucht werden.

■ **Informationen**
Die restaurierte Brunnenanlage befindet sich nahe einer vielbefahrenen Kreuzung am Staufenplatz im Düsseldorfer Stadtteil Grafenberg. Gelegentlich finden dort auch Konzerte und andere Veranstaltungen statt.

■ Die NRW-Stiftung unterstützte den Wiederaufbau des markanten Lanzenzauns.

7 JAN-WELLEM-BRUNNEN

Kurfürst Johann Wilhelm (1658–1716), den man in Düsseldorf „Jan Wellem" nennt, wusste einen guten Tropfen durchaus zu schätzen. Tatsächlich verdankt die Stadt Düsseldorf dem pfälzischen Kurfürsten ihre glanzvollste Zeit als fürstliche Residenz, denn Jan Wellem förderte nicht nur Kunst und Kultur, sondern liebte zudem auch große Festlichkeiten. Doch der „waschechte Düsseldorfer Jung" nahm auch Alkoholfreies zu sich – eisenhaltiges Wasser aus einer Quelle am Fuße des Grafenbergs zum Beispiel, das bei seinen Zeitgenossen als heilkräftig galt. 1702 stellte er den Brunnen sogar unter die Aufsicht einer nahen Einsiedelei und ließ ihn von einer Ringmauer einfassen. Das Wasser durfte exklusiv nur vom Düsseldorfer Hof genutzt werden.
Doch die Zeichen der Zeit machten auch vor der Quelle nicht Halt: Ein Jahrhundert nach Jan Wellems Tod hatte Deutschland sich politisch gewandelt; Düsseldorf gehörte mittlerweile zu Preußen und der Zeitgeist war bürgerlich. Veränderungen, von denen auch der Brunnen und seine Umgebung nicht unberührt blieben. Durch den Hofgärtner Maximilian Friedrich Weyhe wurde der Grafenberg 1816 zum Lust-

Beinahe in Vergessenheit geraten: der Jan-Wellem-Brunnen.

garten umgestaltet und die ehemalige fürstliche Forstdomäne dabei erstmals für das Publikum geöffnet. Es entstand der erste „Volkspark“ in ganz Preußen. Auch der Brunnen erhielt ein neues Gesicht. Der Städtebauer Adolph von Vagedes umgab ihn mit einer halbrunden klassizistischen Fassadenmauer sowie mit einem Zaun aus senkrecht stehenden Lanzen.
Doch schon gegen Mitte des 19. Jahrhunderts begann die Quelle am Fuße des Grafenbergs zu versiegen – damit begann ein langer Verfallsprozess des Brunnens, dem erst im Jahr 2000 mit der Gründung des „Förderkreises Jan-Wellem-Brunnen“ Einhalt geboten wurde. Binnen weniger Jahre wurden Brunnenbecken und Fassadenmauer instand gesetzt, die Kaskade rekonstruiert und eine Wasserpumpe in Betrieb genommen. Beete und Wege erhielten ihr früheres Aussehen zurück. 2005 konnte der Brunnen der Öffentlichkeit erstmals vorgestellt werden; 2006 wurde schließlich mit Unterstützung der NRW-Stiftung auch der Lanzenzaun mitsamt Zauntor erneuert. Das Ergebnis kann sich allemal sehen lassen und lohnt einen Besuch; zumal auch die mit dem Brunnen so eng verbundene Parkanlage auf Dauer wieder in einen möglichst ursprünglichen Zustand versetzt werden soll.

SEHENSWERT

Dominikanerkonvent
Warum residierte ein pfälzischer Fürst in Düsseldorf? Zum einen, weil die Kurpfalz 1688–97 von französischen Truppen verwüstet wurde. Zum anderen, weil die Kurfürsten von der Pfalz seit 1614 auch Herzöge von Jülich und Berg waren und damit Herren über Düsseldorf. Jan Wellems Grab befindet sich in der Dominikanerkirche St. Andreas in der Altstadt.

■ Informationen
Dominikanerkonvent St. Joseph, Andreasstr. 27, 40213 Düsseldorf
www.dominikaner-düsseldorf.de

8 INDUSTRIEPFAD GERRESHEIM

Vier Kilometer Wegstrecke und knapp 100 Jahre Zeitgeschichte: Wer entlang des Industriepfades Düsseldorf-Gerresheim wandelt, dem gewähren insgesamt 20 Stationen tiefe Einblicke in die industrielle Vergangenheit eines ganzen Ortes. Angefangen bei der letzten Ringofenziegelei in Düsseldorf bis hin zum Bahnhof Gerresheim. Wer sich hier auf Spurensuche begibt, den erwartet ein Spaziergang durch eine ganze Epoche, durch die Zeit zwischen 1838 und 1960. Schritt für Schritt, geleitet von Informations-Stelen.

Sechs Schwerpunkte setzt der Pfad, sechs Themen spricht er an – architektonische Zeugen der jeweiligen Zeit aufgreifend und erläuternd. Und so geht der Blick etwa zurück in die Zeit zwischen 1870 und 1968 – jene Zeit, als sich mehr als 40 Ringofen- und etwa 300 Feldbrandziegeleien wie ein Gürtel um die wachsende Stadt zogen, Baumaterial lieferten und zugleich den Boden ebneten für neue Wohngebiete und den Düsseldorfer Backstein-Expressionismus der 1920er- Jahre. Einzigartig in der Region und auf engem Raum am Pfad erschlossen ist das Ensemble aus dem teilweise erhaltenen Ringofen Sassen, die dazu gehörende Abbauwand für den Lösslehm und die um 1912 aufgegebene Ziegelei Jorissen.

Auf insgesamt 20 Stationen gewährt der Industriepfad Gerresheim tiefe Einblicke in die industrielle Vergangenheit des Stadtteils.

Unvermeidliche Folge des Wachstums und Fortschritts war die Zerstörung der Natur. Doch nicht immer war dieser Prozess ein endgültiger; da und dort eroberte sich das Grün die Industriebrachen zurück – als „Natur aus zweiter Hand“. Wunderbare Beispiele dieser Entwicklung: der Südpark in Düsseldorf oder das kleinste, aber artenreichste Düsseldorfer Naturschutzgebiet, das Gelände Am Dernkamp, eine ehemalige Ziegeleilehmgrube.

Einen weiteren Schwerpunkt setzt der Industriepfad mit dem Thema „Gerresheimer Glashütte“. Das Unternehmen wurde 1864 durch den Bremer Kaufmann Ferdinand Heye gegründet – und war nachhaltig prägend für das ganze Vier-

Die Gerresheimer Glashütte um 1900. Die Aufnahme stammt aus dem Düsseldorfer Stadtarchiv.

tel: Nach und nach mauserte sich das südliche Gerresheim zu einer modernen Industriesiedlung, deren Schicksal eng an das der Glashütte geknüpft war. Um 1900 galt die Gerresheimer Hütte als weltgrößter Flaschenproduzent, bei dem in Glanzzeiten mehr als 8000 Arbeiter in Lohn und Brot standen. Erst 2005 wurde die Glasproduktion eingestellt.

Doch der Industriepfad Düsseldorf-Gerresheim widmet sich nicht nur der Unternehmerseite: Die Schwerpunkte „Alltag“ und „Arbeiterbewegung“ bringen zugleich Licht ins Leben des einfachen Arbeiters, zeigen sich mit der Industrialisierung wandelnde Lebensgewohnheiten auf und informieren über Organisationsformen – religiöse wie politische. Sechster Schwerpunkt des Pfades ist das Thema „Eisenbahn“ – logistischer Grundstock für die wirtschaftliche Entwicklung Düsseldorfs. 1838 wurde die erste westdeutsche Eisenbahnstrecke zwischen Düsseldorf und Elberfeld eröffnet. Südlicher Ankerpunkt des Industriepfades ist der Bahnhof Gerresheim, der älteste Düsseldorfer Bahnhof, gebaut 1838.

Initiiert wurde der Pfad vom Förderkreis Industriepfad Düsseldorf-Gerresheim, der sich seit 2006 für den Erhalt der Bauwerke und ein verbindendes Konzept stark macht. Zudem erarbeitet der Verein derzeit museale Nutzungskonzepte für den letzten Düsseldorfer Ringofen und den Gerresheimer Bahnhof. Interessenten bietet der Förderkreis Führungen über den Pfad oder zu anderen industriehistorischen Themen.

Informationen

Förderkreis Industriepfad Düsseldorf-Gerresheim e. V.
Postfach 12 03 10
40603 Düsseldorf
Tel. 0211 / 73 33 372
www.industriepfad-gerresheim.de

Ein guter Einstieg in den Industriepfad ist möglich an den Rheinischen Kliniken (Bergische Landstraße) oder am Bahnhof Gerresheim.

Für den Industriepfad in Düsseldorf-Gerresheim half die NRW-Stiftung beim Erwerb von Informationsstelen.

9 SCHLOSS BENRATH

Im Süden der Stadt, im 1929 eingemeindeten Stadtteil Benrath, befindet sich die gleichnamige, von 1756 bis 1770 von Nicolas de Pigage für Kurfürst Karl Theodor von der Pfalz erbaute Schlossanlage. Das seit 1984 unter Denkmalschutz stehende Ensemble aus Lustschloss, Jagdpark und Weiher demonstriert beispielhaft den Übergang vom Rokoko zum Klassizismus und wurde von der Stadt zur Aufnahme in die Liste des UNESCO-Weltkulturerbes vorgeschlagen. Im Jahr 2000 übernahm die „Stiftung Schloss und Park Benrath" im Auftrag der Stadt Düsseldorf die Verwaltung.

Zwei imposante Flügelbauten flankieren das Corps de Logis, den mittleren Wohnbau des Schlosses, in dem wechselnde Ausstellungen und musikalische Veranstaltungen stattfinden. Der weitläufige Park dieser schönen Anlage bietet 612.000 Quadratmeter Grün – „zusammengesetzt" aus unterschiedlichen Gärten wie einem französischen Barockpark, einem englischen Landschaftspark und dem Waldpark, der beinahe bis zum Rhein führt. Ergänzend hierzu bietet im Ostflügel das „Museum für Europäische Gartenkunst" Einblicke in Theorie und Praxis der Gartenkunst und zeigt, wie der Som-

■ Die NRW-Stiftung förderte die Ausstellung „Flüsse und Auen".

mersitz im Laufe der Zeit von verschiedenen Besitzern genutzt wurde.
Im Westflügel zeigt das Museum für Naturkunde mit seinem Ausstellungsbereich „Flüsse und Auen“, was eine Flusslandschaft ausmacht, welche Pflanzen und Tiere dort leben, und wie die Lebensgemeinschaften der Aue vom Fluss abhängen. Die Besucher erfahren, dass Flora und Fauna die Stromtäler als Wanderstraßen benutzen, warum Storch und Fischotter verschwunden sind, und weshalb der Bisam auf dem Vormarsch ist. Auen sind die artenreichsten Ökosysteme Mitteleuropas. Durch regelmäßige Überflutungen entwickeln sie eine eigene „Auendynamik“. Die Tricks, mit denen sich Pflanzen unter diesen Bedingungen behaupten, sind verblüffend vielfältig: Das Rohrglanzgras etwa richtet sich an den Halmknoten wieder auf, wenn es vom Hochwasser niedergedrückt wurde. Die Schmalblattweiden trotzen der Strömung mit ihren elastischen Ästen. Auch die Tiere haben sich in den Rhythmus der „Flussgezeiten“ eingepasst, nutzen den saisonalen Nahrungsüberfluss für die Aufzucht ihrer Nachkommen, pendeln zwischen Aue und Umland oder gestalten ihren Lebensraum selbst, wie der Biber mit seinen Staudämmen.
Durch Deichbau und Tiefenerosion hat der

Informationen

Stiftung Schloss und Park Benrath,
Benrather Schlossallee 100–106
40597 Düsseldorf
Westliches Torhaus
Kasse, Museumsladen, Besucherzentrum:
Tel. 0211 / 89 93 832
www.schloss-benrath.de

Öffnungszeiten:
16. April bis 31. Oktober:
Di-So 10-18 Uhr
1. November bis 15. April:
Di-So 11-17 Uhr

Kinder

- Kindergeburtstage
- grünes Klassenzimmer
- Führungen
- Rätselraten

www.nrw-entdecken.de

Rhein in den vergangenen hundert Jahren über 80 Prozent seiner Überschwemmungsflächen verloren. Eine der wenigen nicht eingedeichten Abschnitte des Rheins befindet sich aber nicht weit vom Benrather Museum entfernt: Zwischen Rheinkilometer 716 und 720 ist in den Urdenbacher Kämpen noch ein Stück unverbauter Aue erhalten. Welche Bedeutung die Auen für den vorbeugenden Hochwasserschutz haben, zeigt ein Modell im Museum: Der Rhein südlich von Düsseldorf ist in Tischgröße nachgebaut, einerseits eingedeicht, zum anderen aber auch mit den Urdenbacher Kämpen als natürlichem Hochwasser-Auffangbecken. Während das Wasser im eingedeichten Teil durch die Rinne schießt und eine hohe Scheitelwelle aufbaut, läuft die gleiche Menge wie in Zeitlupe durch den Auenteil des Modells. Allein zwischen Köln und Emmerich könnten entlang des Rheins durch Zurückverlegen der Deichlinie etwa 45 Quadratkilometer solcher Überflutungsflächen an den Fluss zurückgegeben werden, um Menschenleben und Sachwerte zu schützen.

10 URDENBACHER KÄMPE UND HAUS BÜRGEL

Ein Beispiel für eine noch weitgehend intakte Auenlandschaft liegt vor den Toren von Schloss Benrath in Richtung Monheim am Rhein: Das Naturschutzgebiet Urdenbacher Kämpe ist eine der letzten größeren Auenlandschaften am Niederrhein, die regelmäßig bei Hochwasser überschwemmt werden. In Naturschutzkreisen ist das Gebiet vor allem für seine großflächigen Auenwiesen bekannt. Die in NRW gefährdete Lebensgemeinschaft der Glatthaferwiesen ist hier noch in ihrer ganzen Formenvielfalt erhalten: Von trockenen Ausbildungen mit Wiesen-Salbei und Knolligem Hahnenfuß auf höher gelegenen Auenpartien, die heute meist als Acker genutzt werden, bis hin zu wechselfeuchten Varianten mit Beinwell und Rohrglanzgras, die öfter und länger vom Rheinhochwasser überflutet werden. Noch häufiger gerät die sehr seltene

Wiesenknopf-Silgen-Wiese unter Wasser, die in Nordrhein-Westfalen hier ihre letzten großflächigen Vorkommen hat. Auch Reste naturnaher Hartholz-Auenwälder gehören zu den Besonderheiten des Gebietes, in dem allein über 70 Brutvogelarten eine Heimat haben: Eisvogel, Pirol, Nachtigall, Schwarzmilan und Wachtelkönig bauen hier ihr Nest und suchen nach Nahrung. Die NRW-Stiftung erwarb hier rund 150 Hektar Land für Zwecke des Naturschutzes, Mitarbeiter und ehrenamtliche Helfer der Biologischen Station Düsseldorf/Mettmann betreuen seitdem dieses Gebiet. Mit den Bauern der Region erarbeiten sie Leitlinien für eine naturverträgliche Landwirtschaft, erfassen regelmäßig den Bestand der Pflanzen und Tiere – und haben ein eigenes Wegesystem erarbeitet, um auch Besuchern die Schönheit und den Artenreichtum der Urdenbacher Kämpe näher zu bringen. Ihren Sitz hat die Biologische Station inmitten dieser Auenlandschaft im Haus Bürgel, einem ehemaligen Römerkastell. Das Anwesen ist seit 1987 als Bau- und Bodendenkmal unter Schutz gestellt. An seine über 2000-jährige Geschichte erinnert heute ein Römermuseum im Haupthaus mit Fundstücken aus archäologischen Grabungen. Schmuck, Kämme, Keramik, Werkzeuge und Waffen erzählen vom Alltagsleben in diesem Kastell, in dem bis zu 150 Soldaten, meist germanische Söldner, stationiert waren. Entlang der ehemaligen Festungsmauern gibt es zudem einen archäologischen Außenpfad, der viele Spuren aus der Geschichte dieses Ortes sichtbar macht.

Die Biologische Station kümmert sich auch um den Erhalt landschaftsprägender Obstgehölze in den Rheinwiesen zwischen Urdenbach und Baumberg. Bestandsaufnahmen ergaben vor einigen Jahren, dass unter den rund 50 Sorten, die

Die Biologische Station Haus Bürgel hat sich auch dem Erhalt landschaftsprägender Obstgehölze verschrieben.

hier gefunden wurden, einige alte Bäume des Kaiser-Wilhelm-Apfels waren. Mit dieser Sorte ist das Haus Bürgel aufs Engste verbunden: Aus dem Garten des geschichtsträchtigen Anwesens stammte der Baum, der als Allerersten auf den Namen des Monarchen getauft wurde und auf den sämtliche heute vorhandenen Exemplare dieser Sorte zurückgehen. 1964 entdeckte dort Carl Hesselmann, ein Volksschullehrer aus Witzhelden bei Solingen, diesen Einzelgänger aus der Renetten-Verwandtschaft Der Obstkundler und seine Fachkollegen konnten den starkwüchsigen Baum mit den wohlschmeckenden Früchten seinerzeit keiner bekannten Sorte zuordnen. Hesselmann vermehrte die Sorte gezielt und schickte einige Äpfel 1875 in einem Paket nach Berlin: „Allerdurchlauchtigster, Großmächtigster Kaiser!“, begann er seinen devoten Begleitbrief, „... ich habe mir die große Freude erlaubt, einer neuen Apfelsorte, die unter meinen 500 Obstsorten die wertvollste ist, Allerhöchst Ihren erhabenen Namen Kaiser Wilhelm beizulegen und Eurer Majestät 35 Früchte derselben für Allerhöchst Ihren Weihnachtstisch zu übersenden“. Das Königliche Hofmarschall-Amt übermittelte kurz darauf den „besonderen Dank seiner Majestät“ – und bat um ein Bäumchen für den Babelsberger Park bei Potsdam.

Informationen

Biologische Station
Haus Bürgel
Urdenbacher Weg
40789 Monheim am Rhein
Tel. 0211 / 99 61 212
www.biostation-D-Me.de

Kinder

- Erlebnis-Exkursionen
- Workshops
- GPS-Survival-Pfad
- Imkerei zum Anfassen

www.nrw-entdecken.de

Die NRW-Stiftung erwarb das inmitten der Urdenbacher Kämpe stehende denkmalgeschützte Ensemble „Haus Bürgel“, das auf Fundamenten eines römischen Kastells erbaut ist, und restaurierte es.

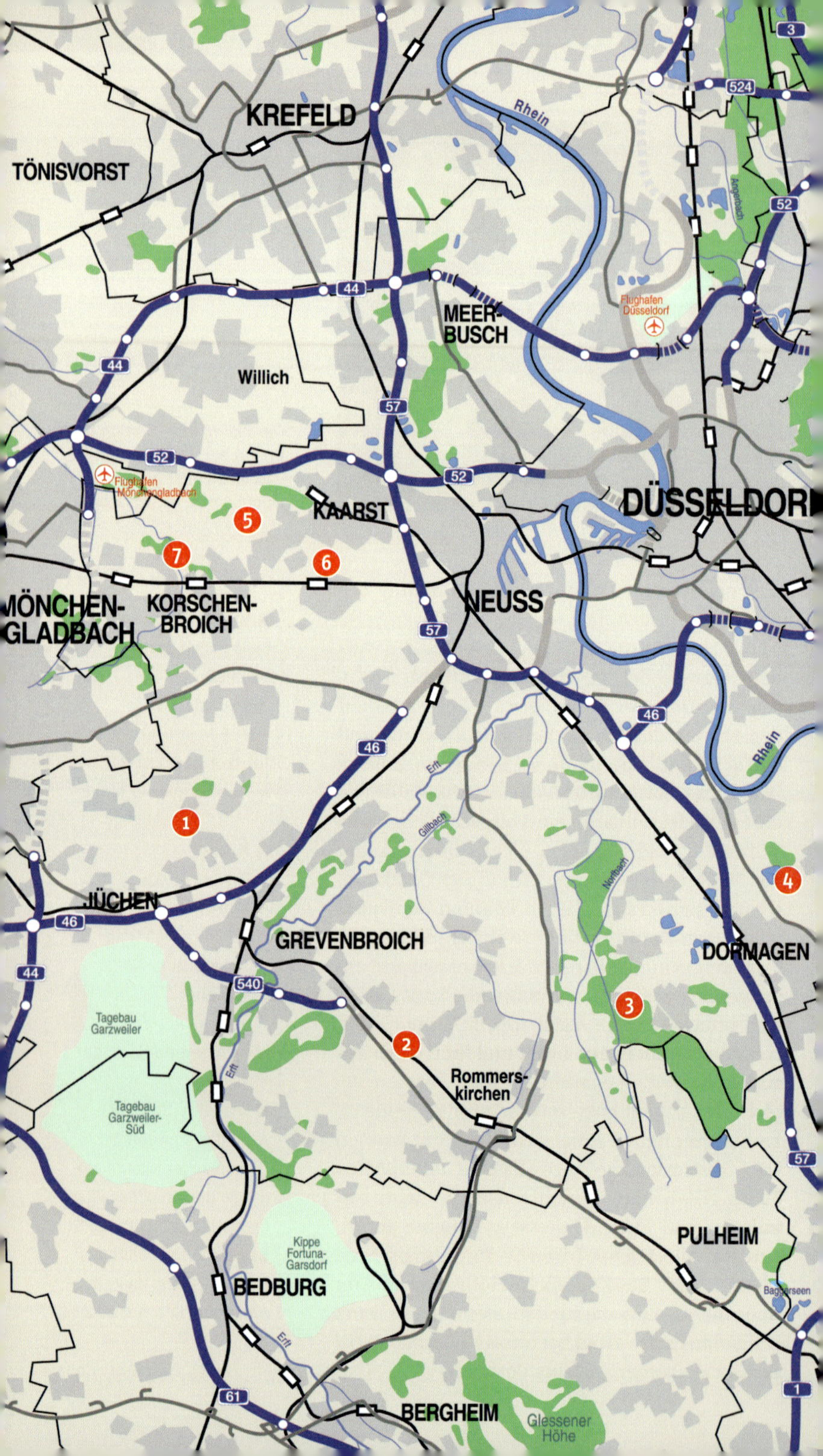
KREFELD
TÖNISVORST
Rhein
3
524
52
44
Angerbach
Flughafen Düsseldorf
MEER-
BUSCH
Willich
57
52
Flughafen Mönchengladbach
5
KAARST
DÜSSELDORF
7
6
MÖNCHEN-
GLADBACH
KORSCHEN-
BROICH
NEUSS
57
46
Rhein
46
Erft
Gillbach
1
Norfbach
4
JÜCHEN
46
44
GREVENBROICH
DORMAGEN
540
3
Tagebau
Garzweiler
2
Rommers-
kirchen
Erft
Tagebau
Garzweiler-
Süd
57
PULHEIM
Kippe
Fortuna-
Garsdorf
BEDBURG
Baggerseen
Erft
1
61
BERGHEIM
Glessener
Höhe

RUND UM NEUSS

GÄRTEN, MÜHLEN, EISENBAHNEN

Der vielleicht schönste Weg in den Rhein-Kreis Neuss führt ab Düsseldorf-Urdenbach über den Rhein – an sonnigen Wochenenden muss man hier allerdings ein bisschen Geduld mitbringen, denn die Rheinfähre am Stromkilometer 718 hinüber nach Zons ist wahrlich kein Geheimtipp. Schließlich gibt es auch weit und breit keine andere Möglichkeit, herüber zu kommen – erst recht nicht für Radfahrer, denn die nächstgelegenen Brücken sind Autobahnbrücken.
Dabei haben gerade Radfahrer gute Gründe hier überzusetzen: Die Feste Zons ist eine der reizvollsten Stationen an der „NiederRheinroute", einem insgesamt 2000 Kilometer langen Streckennetz, das hier – zwischen Dormagen und Neuss – direkt am Rhein entlang führt. Teils mit Blick über den breiten Strom aufs gegenüberliegende Düsseldorf, teils mit großartiger Aussicht

Bild oben:
Das Hamtor in Neuss.

Der Wasserturm in Mönchengladbach.

vom Deich über das endlos scheinende flache Land, das vor allem Genuss-Radfahrer so schätzen: Ohne allzu große Anstrengung rollen sie an schönen Tagen zu Tausenden durch den fruchtbaren Norden der Kölner Bucht, vorbei an Wiesen, Feldern und Obstplantagen.

Wer ab Neuss in Richtung Westen fährt, erreicht nach knapp 20 Kilometern die linksrheinische Stadt Mönchengladbach – und er hat ungefähr den halben Weg in Richtung des niederländischen Roermond an der Maas zurückgelegt. Hier, in der Mitte zwischen den beiden großen Strömen Rhein und Maas, entspringt in Mönchengladbach das Flüsschen Niers, das sich über 100 Kilometer lang durch die weite grüne Ebene des Niederrheins schlängelt – zunächst zielstrebig gen Norden, um kurz hinter Goch doch westwärts abzubiegen und schließlich in die Maas zu münden. Nachdem die Niers in den letzten Jahrzehnten aufwändig renaturiert wurde, entwickelt sie sich zum neuen Herzstück des Naturschutzes und der Naherholung für die „Großstadt im Grünen". So nennt sich Mönchengladbach selbst, und das zu Recht: Westlich der 260.000-Einwohner-Stadt liegen große Wälder, die zum Naturpark Maas-Schwalm-Nette gehören. Außerdem ist die Region reich an Wasserschlössern und Burgen, die natürlich sorgfältig bewahrt, die aber auch auf unterschiedliche

Eine Region für Radfahrer mit weiten Aussichten und ohne nennenswerte Steigungen.

Arten neu genutzt werden. Beispielhaft steht dafür das barocke Wasserschloss Dyck in Jüchen, das im Jahre 2002 durch die „Dezentrale Landesgartenschau – Gartenkunst am Mittleren Niederrhein“ aus seinem Dornröschen-Schlummer geweckt wurde. Aus der einmaligen Schau entstand der touristische Dauerbrenner „Straße der Gartenkunst zwischen Rhein und Maas“, und Schloss Dyck ist gewissermaßen die Mona Lisa unter diesen grünen Kunstwerken.

Neusser Ansichten: Blick über die Dächer vom Quirinius Münster.

Drei weitere Hausnummern der Gartenkunst-Straße finden sich in Mönchengladbach, zwei davon gehören wieder zu Schlössern: Rheydt gilt als besterhaltenes Renaissance-Schloss am Niederrhein und beherbergt ein äußerst sehenswertes Museum. Auch Schloss Wickrath, dessen Wassergraben von der Niers gespeist wird, ist nicht nur für Gartenfans ein Anziehungspunkt: Seit dem 19. Jahrhundert wird hier – mit Unterbrechung und heute durch einen Verein – das Rheinische Pferdestammbuch geführt und entsprechend ist Schloss Wickrath einer der wichtigsten Treffpunkte für Pferdenarren. Übers Jahr verteilt finden unterschiedliche Schauen statt. Wem Pferde eine Nummer zu groß sind: Das Schloss beherbergt auch eine vogelkundliche Ausstellung. Das dritte Gartenkunst-Glanzlicht schließlich ist der fast 30 Hektar große „Bunte Garten“ mitten in Mönchengladbach.

Eine ganz andere Art der Landschaftskunst ist im Süden des Rhein-Kreises zu erleben, Stichwort: Braunkohle-Tagebau. In Grevenbroich entstand die Abraumhalde „Vollrather Höhe“. Ihr Hochplateau liegt auf 165 Metern, und der Anstieg bildet eine der ganz wenigen Bergetappen der „NiederRheinroute“. Das Gebiet wurde in weiten Teilen umfassend renaturiert, außerdem gibt es in Grevenbroich eine Motocross-Strecke, die als eine der schönsten Deutschlands gilt, sowie einen äußerst beliebten 18-Loch-Golfplatz. Und wen das ganz große Loch in der Landschaft interessiert: Von einer Aussichtsplattform kann man hier den riesigen Tagebau-Baggern bei der Arbeit zuschauen.

Schloss Dyck in Jüchen bei
Nacht und illuminiert.

1 SCHLOSS DYCK

Die Stadt Jüchen wartet mit einer wahren architektonischen Perle auf, die Jahr für Jahr unzählige Besucher anzieht: Schloss Dyck ist eines der kulturhistorisch bedeutendsten Wasserschlösser des Rheinlandes. Mit seinen Vorburgen und dem Wirtschaftshof erstreckt es sich über insgesamt vier Inseln im Kelzenberger Bach und ist von einem malerischen englischen Landschaftsgarten umgeben. Die ersten Nachrichten über eine Burg an dieser Stelle stammen aus dem 11. Jahrhundert; Hochschloss und Vorburg wurden im Barock neu errichtet. Die Anlage fiel 1394 an das Haus Reifferscheid, später Salm-Reifferscheid-Dyck.

■ Die NRW-Stiftung unterstützte Restaurierungsmaßnahmen auf Schloss Dyck in Jüchen.

Nach einer Konzeption des Landschaftsverbandes Rheinland wurde 1999 die Stiftung Schloss Dyck gegründet. Sie ist als Zentrum für Gartenkunst und Landschaftskultur eine in Nordrhein-Westfalen einmalige Institution, die die historischen Gärten und Kulturlandschaften mit aktuellen Themen der Landschaftskultur und des Städtebaus erlebbar miteinander verbindet. Zurückblickend auf eine fast 1000-jährige Geschichte der Fürsten und Altgrafen zu Salm-Reifferscheidt-Dyck suchte die Erbin des Hauses Gräfin Marie Christine Wolff Metternich, in den 1990-er Jahren nach einer Nutzung, die den Fortbestand der für das Rheinland bedeutenden Schlossanlage sichern sollte.

Das Schloss bietet als Zentrum für Gartenkunst und Landschaftskultur heute sowohl Familien

In den Neuen Gärten hat der Bildhauer Ulrich Rückriem die Skulpturengruppe „Zehn Variationen eines Blocks“ aus drei Meter hohen Granitblöcken inszeniert. Je nach Standpunkt wirken sie wie eine geschlossene Mauer oder geben Sichtfenster in die Landschaft frei.

und kulturinteressierten Besuchern als auch Gartenliebhabern und Fachleuten ein facettenreiches Angebot. Regelmäßige Führungen zu unterschiedlichen Themen beispielsweise ermöglichen es Besuchern, die verschiedenen Aspekte von Schloss und Park zu erleben. Das Themenspektrum reicht dabei von baugeschichtlichen Exkursionen über meditative Spaziergänge bis hin zu naturkundlichen Führungen oder thematischen „Schmankerln" wie: „Survival für Familien" oder „Essbare Pflanzen im Park".
Nach behutsamer Restaurierung präsentiert sich der Park rund um das Wasserschloss mittlerweile wieder in seinem ursprünglichen Zustand und lädt seine Besucher dazu ein, Pflanzenraritäten in einem einmaligen Ambiente zu entdecken. Zwischen 1820 und 1835 wurde er im Geiste der Aufklärung als früher englischer Landschaftsgarten angelegt. Auf dem rund 53 Hektar großen Areal befinden sich heute wertvolle Gehölze, deren Alter und Artenreichtum europaweit ihresgleichen suchen. Rieseneibe und Mammutbaum, Sumpfzypresse und Tulpenbaum, die Korea-Pappel oder der Geweihbaum präsentieren sich als majestätische Erscheinungen. Ausladende Rhododendren sorgen für eine spektakuläre Blütenpracht im Mai. Im Juni blühen und duften unzählige Wiesenblumen. Farbenreiche Vielfalt findet sich das ganze Jahr hindurch im Orangerieparterre.
Unbedingt eingeplant werden sollte zudem ein Besuch der zahlreichen Muster- und Schau-

Schloss Dyck gehört zu den bedeutendsten Wasserschlössern im Rheinland.

SEHENSWERT

Erft-Radweg
Nicht weit vom Schloss verläuft (unter topographisch günstigen Bedingungen) der Erft-Radweg, der zahlreiche Sehenswürdigkeiten der Region verbindet – und so immer wieder zu einem Abstecher einlädt.

■ Informationen
www.erftweg.de

Der Park um das Wasserschloss bietet zahlreiche Pflanzenraritäten.

gärten, die verteilt auf dem Gelände von Gartenbau-Unternehmen angelegt wurden – und Gartenfreunden handfeste Tipps und Anregungen liefern sollen. Schloss Dyck ist zudem Sitz des Vereins „Straße der Gartenkunst zwischen Rhein und Maas"; die Stiftung Schloss Dyck arbeitet darüber hinaus im Rahmen des „European Garden Heritage Network" an einem europäischen Netzwerk für Parks und Gärten mit. Regelmäßige Pflanzenmärkte sind Teil des Konzeptes. Und natürlich setzt man auch in Jüchen in Sachen Gartenkunst auf moderne Weiterentwicklungen. Ein auffälliges und gelungenes Beispiel ist hier der 2005 angelegte Bambusgarten, den man auf dem Weg zum Schloss erreicht. Gäste des Hauses erleben auf gut 800 Quadratmetern 30 verschiedene Bambussorten – von kleinwüchsigen Exemplaren bis zum Riesenbambus, der Höhen von bis zu 30 Metern erreicht. Das Ergebnis: ein Wandelpfad der Entspannung und Inspiration.

Ein umfangreiches kulturelles und musikalisches Jahresprogramm – angefangen bei Jazzabenden bis hin zur Illumination des gesamten Geländes – sowie Wechselausstellungen im Schloss lohnen einen Besuch allemal. Rund ums Jahr bieten die Obstplantagen des Schlosses saisonal frisches Kern-, Stein und Beerenobst, Cidre, aber auch Spargel, Honig oder Rapsöl zum Verkauf an.

Informationen

Stiftung Schloss Dyck
41363 Jüchen
Tel. 02182 / 82 40
www.stiftung-schloss-dyck.de

Öffnungszeiten:
April bis Oktober:
Di-Fr 10-18 Uhr (Park), 14-18 Uhr (Schloss)
Sa/So/Fei 10-18 Uhr (Park), 12-18 Uhr (Schloss)
November bis März:
Di-Fr 10-17 Uhr (Park)
Sa/So/Fei 10-17 Uhr (Park), 12-17 Uhr (Schloss)

Kinder

- Klettergarten
- grünes Klassenzimmer
- Führungen
- Kindergeburtstag
- Ferienprogramm: „Sommerspiele" im Park und im Garten

SEHENSWERT

Kloster Langwaden

Freunde barocker Gärten sollten einen Abstecher ins Kloster Langwaden in Grevenbroich machen. Im Jahre 1132 als Prämonstratenserkloster gegründet, musste das Gebäude eine turbulente Geschichte und den Umbau zum Schloss hinter sich bringen, bevor es in den 1960er-Jahren wieder als Kloster diente – diesmal für den Zisterzienserorden. Die sehenswerten Barockgärten wurden in Stand gesetzt.

Informationen

Kloster Langwaden
41516 Grevenbroich,
Tel. 02182 / 88 020,
www.zisterzienserlangwaden.de

2 FELD- UND WERKSBAHNMUSEUM

Außergewöhnliche Anstrengungen, große Leidenschaft, Hartnäckigkeit und Ausdauer – das alles soll Schmalspur sein? Genau so ist es, denn „Schmalspur" meint an dieser Stelle spezielle Loks, die auf nur 60 Zentimeter breiten Schienen fahren. Die Mitglieder des Feld- und Werksbahnmuseums-Vereins Oekhoven in Rommerskirchen setzen sich mit Tatkraft und Engagement dafür ein, historische Bahnen zu restaurieren und fahrttauglich zu machen.
So groß wie ein Kleintransporter, aber zehnmal so schwer, rumpelt das 65 PS starke Modell „Hilax" nun wieder über die 800 Meter lange Mu-

seumsstrecke. Es hatte die Feldbahnromantiker in Rommerskirchen-Oekhoven viele Telefonanrufe, vor allem aber Zeit und Nerven gekostet, die beschädigte Jung-Dampflok wieder in Gang zu setzen.

Zunächst stand die ehemalige „Betriebslok" eines Bauunternehmers auf einem Kölner Spielplatz und rostete vor sich hin. 1982 konnten die ehrenamtlichen Mitarbeiter des Feld- und Werksbahnmuseums die Maschine retten und in die eigene, ständig überfüllte Werkstatt bringen. Doch fehlte nicht nur das entscheidende Ersatzteil, eine spezielle Stahlpumpe, sondern auch das notwendige Geld für die Reparatur. Das Ersatzteil lieferte eine Spezialfirma in Amerika.

Die NRW-Stiftung half bei der Restaurierung einer Dampflokomotive und unterstützte Ausbaumaßnahmen an der Museumshalle des Feld- und Werkbahnmuseums Oekhoven in Rommerskirchen.

Informationen

Feld- und Werksbahnmuseum Oekoven e.V.
Zur Werksbahn 1
41569 Rommerskirchen
Tel. 02183 / 80 683 77
www.gillbachbahn.de
Fahrbetrieb ist von Mai bis Oktober an jedem 1. Sonntag im Monat und zu einigen Sonderterminen.

Kinder

- Nikolausfahrten
- Gartenbahn

Viel Aufwand für eine kleine Lok, doch in ganz Europa gibt nur noch neun Exemplare der „Hilax". Außerdem hängen an den Feld- und Werksbahnen zahlreiche Erinnerungen: Mit dem Modell in Rommerskirchen-Oekhoven transportierten viele Kölner nach dem Zweiten Weltkrieg die Trümmer aus der zerbombten Stadt. Die ehemaligen polnischen Zuckerrüben-Loren, Neuzugänge des Museums, stammen noch aus der Zeit vor dem Ersten Weltkrieg.

Und auch die Personenwagen der Schmalspur-Bahnen haben selbstverständlich eine eigene Geschichte. Einst fuhren sie die Menschen zu ihrem Arbeitsplatz in Bergwerken, Fabriken, auf Großbaustellen und in der Landwirtschaft. Nun sitzen Besucher des Museums in kleinen Waggons mit schlichten Holzbänken und lassen sich über das Gleisnetz der „Gillbachbahn" schaukeln.

Bereits die Fahrt zwischen Bahnhof und Werkstatt reicht für ein authentisches „Schmalspur-Erlebnis" aus: Ohne den Komfort einer weichen Federung zuckelt der Zug in gemütlicher Langsamkeit bis zur Werkstatt. Hier arbeiten die Vereinsmitglieder ständig daran, ihre Dampfloks zu restaurieren. Geplant ist künftig zudem eine

Warum nicht mal eine Fahrt mit der Schmalspurbahn wagen? In Rommerskirchen ist das möglich – an jedem ersten Sonntag im Monat.

Ausstellung über Stellwerkstechnik. Die über 5000 Besucher, die jährlich in das Museum kommen, wissen so viel „Schmalspur-Einsatz" zu schätzen. Vor allem zu Pfingsten und an den traditionellen Nikolausfahrten drängen sie sich am Bahnsteig. Schließlich werden sie von einem echten technischen Denkmal über die Bahnanlage des Vereins kutschiert. Eltern mit Kindern haben darüber hinaus die Gartenbahn auf dem Museumsgelände ins Herz geschlossen, Spurweite 7 1/4 Zoll. Auch ihr Abfahrtsbahnhof befindet sich direkt am „Bahnhof Oekoven". Und die Kleine ist bei den kleinsten Besuchern des Museums schlicht der Renner.

Die Vereinsmitglieder sind mit Herz und Sachverstand bei der Sache. Und Weichen werden selbstredend per Hand gestellt.

3 BIOLOGISCHE STATION IM KLOSTER KNECHTSTEDEN

Die Klosteranlage Knechtsteden in Dormagen ist nicht nur eine der größten Klosteranlagen am Niederrhein, sondern sie hat im Laufe der Jahrhunderte auch eine wechselvolle Geschichte erlebt. Die Ordensgemeinschaften, Prämonstratenser und die Missionsgesellschaft vom Heiligen Geist/Spiritaner, haben diesen Ort geprägt.

Heute leben ca. 25 Spiritaner in der ursprünglich aus dem 12. Jahrhundert stammenden, im 19. Jahrhundert durch einen Brand zerstörten und wieder aufgebauten Anlage. Sie lassen ihre Besucher Knechtsteden als einen Ort erleben, an dem sie gleichermaßen Natur, Kultur und Religion begegnen können. Und das auf durchaus ungewöhnliche Weise: durch einen Besuch der kunstgeschichtlich bedeutenden Basilika, eine Übernachtung im „Heuhotel" oder das wechselnde Programm der „Theaterscheune".

Darüber hinaus stellten die Ordensbrüder 2001 der „Biologischen Station im Rhein-Kreis Neuss" Räume im ehemaligen Handwerkergebäude als Heimstatt zur Verfügung. Klösterliche Ruhe und die Nähe zum europäisch bedeutsamen Naturschutzgebiet „Knechtstedener Wald mit Chorbusch" bieten eine ideale Lage – und nicht zuletzt genügend Platz für viele Mitstreiter: Mit der Station kooperieren örtliche Naturschutzverbände wie der Naturschutzbund (NABU), der Bund für Umwelt- und Naturschutz (BUND) oder Sielmanns Natur-Ranger.

Knechtsteden bildet dabei den perfekten Ausgangspunkt für die praktische Arbeit der Naturschützer und für öffentliche Vorträge und Exkursionen. Interessierte lernen in der Station beispielsweise die Vogel- und Insektenwelt der Umgebung kennen oder können im benachbarten „Tannenbusch" auf dem Waldlehrpfad auf Entdeckungsreise gehen. Zudem haben die Mitarbeiter Wissenswertes über den Nutzen von Streuobstwiesen oder die Gefährdung von Am-

Die Biologische Station im Rhein-Kreis Neuss, die im Kloster Knechtsteden in Dormagen ihren Sitz hat, erfasst das letzte größere Vorkommen der Ringelnatter in der Region.

phibien und Ringelnattern zusammengestellt. Aber nicht nur Schlangen liegen den Mitarbeitern der „Biologischen Station" am Herzen. Sie kümmern sich zudem etwa auch um die Erhaltung von Streuobstwiesen, die in der dicht besiedelten Neusser Region wichtige Lebensräume für Tiere und Pflanzen bieten – und nicht zuletzt die Vielfalt regionaler Obstsorten bewahren. Wer kennt heute schließlich noch den „Blauen Kölner"? In Seminaren macht die Station mit dieser Apfelsorte und anderen alten Köstlichkeiten bekannt. Und auch für die Naturschutzflächen entlang des Rheins mit ihren Weichholz-Auenwäldern, ihren Kopfweiden, Kalkhalbtrockenrasen und Glatthaferwiesen setzt sich die Station ein. Knechtsteden ist ein kulturelles und landschaftliches Highlight der Region. Ein Besuch lohnt sich, auch wenn im Haus der Natur keine Ausstellungen gezeigt werden. Im Außengelände des Klosters informieren Tafeln über Obstwiesen, Landschaftspflege mit Schafen, Amphibien oder Wildbienen. Interessant ist auch der Kräutergarten, der durch private Initiative gepflegt wird. Hier kann man einiges über Pflanzen in der christlichen Symbolik lernen.

Informationen

Missionsgesellschaft vom Heiligen Geist e.V.
41540 Dormagen
Tel. 02133 / 86 91 02
www.spiritaner.de

Biologische Station im Kreis Neuss e.V.
Haus der Natur
Kloster Knechtsteden 13
41540 Dormagen
Tel. 02133 / 50 230
www.biostation-neuss.de

Kinder

- Veranstaltungen zum Thema Reptilien, Amphibien
- Obstwiesen

Die NRW-Stiftung half bei Umgestaltungsmaßnahmen im Innenhof.

4 MÜHLE ZONS

Die großen Städte des Rheinlands: In Zons liegen sie quasi vor der Haustür. Schließlich ist es jeweils nur gut eine halbstündige Fahrt mit dem Auto, bis man den Kölner Dom im Süden und die Düsseldorfer Altstadt in entgegengesetzter Fahrtrichtung erreicht. Aber warum muss es eigentlich immer die große, weite Welt sein? Warum nicht einfach mal Zons erkunden? Und warum eigentlich immer das Auto nehmen?

Seit über vier Jahrzehnten quert eine Fähre den Rhein – und verbindet jenen Stadtteil Dormagens, der 1975 eingemeindet wurde und seit 1992 wieder den Titel „Stadt Zons" tragen darf, mit der Urdenbacher Kämpe, die zu Düsseldorf und Monheim gehört. Ein Abstecher bietet sich also an. Und das, laut Heimat- und Verkehrsverein Zons, „touristische Zentrum Dormagens" hat tatsächlich einiges zu bieten. Neben der herrlichen Auenlandschaft des Rheins bietet es den Besuchern vor allem einen Blick in die Vergangenheit, die auflebt, sobald man die ehemalige Zollfeste aus dem 14. Jahrhundert erblickt und die Stadttore durchschreitet.

Es war 1372, als der Kölner Erzbischof Friedrich III. von Saarwerden den Rheinzoll von Neuss nach Zons verlegte – und den Ort als Zollfestung ausbauen ließ; bereits ein Jahr später erhielt Zons das Stadtrecht. Und zum eigenen Schutz selbstredend eine eigene Befestigungsanlage mit Toren, Türmen, Mauern, Schutzgräben und mit einer eigenen, beschaulichen Burg: Friedestrom.

Nach dem Dreißigjährigen Krieg wurde Zons mehrfach von Pestepidemien und großen Feuersbrünsten heimgesucht. Davon konnte es sich nur schwer wieder erholen und verlor so stark an Bedeutung. Auch die Industrialisierung brachte dem Ort nur wenige Impulse. Doch gerade dadurch bewahrte er sich ein eindrucksvolles historisches Flair. Schon im ausgehenden 19. Jahrhundert wurde Zons zu einem beliebten Ziel für den Fremdenverkehr.

Informationen

Mühle Zons
Mühlenstraße
Feste Zons,
41541 Dormagen
Die Mühle ist in der Saison von März bis Oktober täglich geöffnet. Auskünfte erteilt der Heimat- und Verkehrsverein der Stadt Zons: Tel. 02133/3772.
www.hvv-zons.de

Die NRW-Stiftung unterstützte die Sanierung des Innenmauerwerks der Stadtmühle Zons in Dormagen.

Mahlwerk und Wehrgang der Mühle Zons sind heute wieder für Besucher zugänglich.

Heute ist die gut erhaltene Befestigungsanlage Zons einzigartig im Rheinland. Im südwestlichen Teil der Stadtmauern erhebt sich zudem der aus Basaltquadern und Feldbrandsteinen gebaute Mühlenturm. Der war im Zuge des Stadtbaus zwischen 1373 und 1408 auf Order von Erzbischof Friedrich von Saarwerden vorrangig als Wach- und Wehrturm errichtet worden, diente jedoch von Anfang an vermutlich auch als Mühle. Etwa 1694 erfolgte der Umbau zur drehbaren Holländerwindmühle.

Nachdem der eigentliche Betrieb 1907 eingestellt worden war, ereilte das Bauwerk an der Mühlenstraße jenes Schicksal, das so viele mittelalterliche Denkmäler traf: der Verfall. Erst Mitte der 1960er-Jahre nahmen sich Heimatfreunde erneut des zuletzt flügellosen Torsos an: Die Mühle wurde umfassend und fachmännisch restauriert und mit neuen per Elektromotor angetriebenen Flügeln versehen, die Besucher gegen Münzeinwurf von 50 Cent in Gang setzen können. Interessierten zugänglich ist heute nicht nur das komplett erhaltene Mahlwerk, sondern auch ein Teil des alten Wehrgangs. Eine Besichtigung lohnt sich bereits wegen des faszinierenden Rundblicks über die Zonser Altstadt und den Rheinbogen.

Im Innern der Mühle erläutern Schautafeln auf jeder Etage und ein Modell der Mühle die Betriebsweise und die alten Techniken. Das innere Mauerwerk und die Flügel der Mühle wurden jüngst von einer holländischen Mühlenbaufirma komplett instand gesetzt. Neu ist auch das vom Förder- und Heimatverein Zons betriebene kleine Mühlenmuseum im ehemaligen Sacklager.

Auf der weiteren Agenda steht nun die dringende Sanierung der westlichen Stadtmauer von der Mühle bis zum Krötschenturm. Schließlich will man seinen Gästen das mittelalterliche Kleinod stets im besten Zustand präsentieren. Und was diesen ehrgeizigen Anspruch angeht, steht man in der Stadt Zons der großen weiten Welt letztlich in nichts nach.

SEHENSWERT

Norfer Wasserturm
Der Heimatverein Norf engagiert sich seit 2006 für den Erhalt des in seiner Bauweise ungewöhnlichen historischen Wasserturmes im Neusser Stadtteil Norf. Obwohl der 1909 am Rande des Parks der Müggenburg errichtete Turm nie als Wasserturm genutzt wurde, gehört er zu den prägenden Gebäuden in Neuss-Norf und ziert das Wappen des Ortes. 2006 hat der Heimatverein den verfallenen 20 Meter hohen Backsteinturm langfristig angemietet und ihn inzwischen saniert und der Öffentlichkeit zugänglich gemacht.

■ **Informationen**
www.heimatverein-norf.de

Umfassend restauriert: der Tuppenhof.

5 TUPPENHOF

Der Tuppenhof in Kaarst ist mehr als nur ein in seiner Art einmaliger Bauernhof. Die typisch gewachsene rheinische Hofanlage, die sich aus einem ursprünglichen Dreiseithof des 18. Jahrhunderts zu einer Vierkanthofanlage im 19. Jahrhundert entwickelt hat, hat seit dem Tod des letzten Bauern, Peter Schmitz, Anfang der 1980er mittlerweile einiges zu bieten: Mal steht hier die Geschichte der Wasserversorgung am Niederrhein auf dem Programm, mal ein Vortrag über die Dorfschulen des 18. Jahrhunderts in der Region, mal eine Aufführung des Neusser Schlachthof-Theaters oder Opernaufführungen und Konzerte. Das Jahresprogramm des Tuppenhofs ist umfangreich – schließlich lässt die Scheune des über 300 Jahre alten, denkmalgeschützten Bauernhofs dem Museumsförderverein Kaarst viel Raum für Veranstaltungen. Und wenn Besucher an einem sonnigen Sonntag vorbeischauen und ihre Radtour für einen Kaffee oder einen selbst gebrannten Mispelschnaps – die Früchte stammen selbstverständlich vom

Geschichte und Kultur des bäuerlichen Lebens werden im Tuppenhof erfahrbar gemacht.

Hof – unterbrechen, werden sie von ehrenamtlichen Helfern des Kaarster Museumsvereins freundlich bewirtet. Je nach Belieben können Gäste eine fachkundige Führung durch den geschichtsträchtigen Vierkanthof erleben oder sich einfach nur in dem friedlich-stillen Garten ausruhen. Wer auf den Rundgang verzichtet, verpasst jedoch einen spannenden Einblick in die jahrhundertealte Historie dieses Anwesen, das vom Leben und Arbeiten der früheren Bewohner erzählt. Das Torhaus aus dem Jahr 1705, das lehmfarbene und dunkelbraune Fachwerk des Haupthauses, selbst Scheune und Stallungen sind Zeugnisse ihrer Zeit. Sie umrahmen ein

SEHENSWERT

Clemens-Sels-Museum

Das Clemens-Sels-Museum Neuss bietet seinen Besuchern im mittelalterlichen Obertor und in einem angrenzenden „Neubau" aus den 1970er-Jahren ein vielfältiges museales Erlebnis: Einerseits geht es um die Stadtgeschichte von Neuss, die mit den alten Römern vor über 2000 Jahren begann. Andererseits verfügt das Museum über eine umfangreiche Kunstsammlung mit Schwerpunkten auf den rheinischen Expressionisten und auf der niederländischen Schule. Insbesondere die Gemälde der Nazarener, der Präraffaeliten und der Symbolisten Frankreichs, Belgiens und Hollands bilden eine in Deutschland einzigartige Sammlung.

■ Informationen
www.clemens-sels-museum-neuss.de

Der Tuppenhof ist einer der wenigen Fachwerk-Vierkanthöfe, die im Rheinland erhalten sind.

beinahe quadratisches Hofviereck, von dem aus Besucher über die Streuobstwiese am Bauerngarten vorbei zur 100 Jahre alten Eibenallee geführt werden.

Für die sorgfältige und gelungene Restaurierung des Hofs erhielt der Museumsförderverein übrigens den 2. Preis beim Wettbewerb um den Bundespreis für Handwerk in der Denkmalpflege 2000. Die Jury lobte vor allem, dass „handwerkliche Techniken materialgerecht“ ausgeführt wurden.

Rund 100 Mitglieder zählt der Verein, der den Tuppenhof nach jahrelangen Instandsetzungsarbeiten in Schuss hält und auch für die Zukunft große Pläne hat: Im Pferdestall wurde ebenerdig ein Museumsshop eingerichtet, in der ersten Etage eine Bibliothek, in einem Backhaus im Garten wird wie einstens Brot gebacken, und auch die alte Remise hat als grünes Klassenzimmer eine neue Funktion bekommen.

Das Archiv des Tuppenhofs kann künftig zudem Generationen von Historikern beglücken: Bei den Arbeiten am Hof fand man zahlreiche handschriftliche Notariats- und Eheverträge, Pacht- und Telefonabrechnungen, Gerichtsakten und Gedichtkladden. Sie erlauben dem Museumsförderverein eine beinahe lückenlose Aufklärung der Familien- und Hofgeschichte über die Jahrhunderte hinweg.

Informationen

Tuppenhof
Museum und Begegnungsstätte für bäuerliche Geschichte und Kultur
Rottes 27
41564 Kaarst
Tel. 02131 / 51 14 27
www.tuppenhof.de

Öffnungszeiten:
Mai bis Oktober
Sa 14-18 Uhr
So 11-18 Uhr

Kinder

- Kinderführungen
- Kindergeburtstage
- Workshops je nach Jahreszeit

Die NRW-Stiftung half beim Erwerb des Tuppenhofes in Kaarst und unterstützte dort Restaurierungsmaßnahmen. Weiterhin half sie bei der Errichtung eines Backhauses und finanzierte die Publikation „Die Leute vom Tuppenhof“.

6 BRAUNSMÜHLE

Die Landschaft rund um die Umgehungsstraße um den Kaarster Stadtteil Büttgen ist durch flaches Land, wenig Bäume und viel Landwirtschaft geprägt. Da fällt die Braunsmühle wohltuend auf: Frisch restauriert ist sie das heimliche Wahrzeichen des Stadtteils. Wieder auf Vordermann gebracht haben das stattliche Baudenkmal die Mitglieder der „Fördergemeinschaft Braunsmühle". Gegründet wurde der „Mühlenverein" am 5. Oktober 2000 – der Beginn einer wahren Erfolgsgeschichte.

Und dabei stand es lange Zeit schlecht um die Braunsmühle: Noch um die Jahrtausendwende waren die Flügel abmontiert, die Fenster in mehr als desolatem Zustand und auch die Fassade brauchte mehr als nur einen schnellen Anstrich. Kein Wunder, denn die Mühle war seit beinahe 50 Jahren ungenutzt. Schon vor ihrer Schließung wurde das Korn mit Diesel und Strom statt mit der Kraft des Windes gemahlen. Aber immerhin: In der 1756 vom Grafen von Dyck erbauten Turmwindmühle war der weitaus größte Teil der Mühlentechnik mit den zwei Mahlgängen, seinen Getrieben und Mahlwerken vollständig erhalten.

Seit 2004 erstrahlt das Bauwerk nunmehr in neuem Glanz. Und mehr noch: Die Vereinsmitglieder veranstalten regelmäßig Besucherführungen, Tage der offenen Tür und erklären den Besuchern dabei in allen Details, wie hier einst das Korn gemahlen wurde. Und auch das Wirtschaftsgebäude neben der Mühle wurde mit viel Eigenleistung komplett saniert und dient jetzt – immer sonntags von April bis Oktober – als Café. Damit haben sich die Mühle und ihr Umfeld zu einem wahren Ort der Begegnung gewandelt, an dem man sich wunderbar erholen und umfassend informieren kann: Im Rundgang um die Mühle ist darüber hinaus eine Ausstellung des Rheinischen Mühlenverbandes zu sehen, in der so einiges über das alte Handwerk des Müllers zu erfahren ist.

Die Büttger sind stolz auf ihre frisch renovierte Mühle.

Informationen

Fördergemeinschaft
Braunsmühle
An der Braunsmühle 2
41564 Kaarst
Tel. 02131 / 12 49 698
www.braunsmuehle.de

Die Mühle befindet sich an der Landstraße L 381 südöstlich von Kaarst-Büttgen. Öffnungszeiten:
April bis Oktober
So 14-18 Uhr
(ausgenommen Ostersonntag, Pfingstsonntag und letzter Sonntag im Juni)

Die NRW-Stiftung unterstützte die Anschaffung von Windmühlenflügeln für die Braunsmühle in Kaarst.

Einblick in die Lebens- und Arbeitsverhältnisse in Korschenbroich um 1900 bietet der Kulturbahnhof.

7 KULTURBAHNHOF KORSCHENBROICH

Es ist dem Korschenbroicher Heimatverein zu verdanken, dass es den 1893 erbauten Bahnhof Korschenbroich heute noch gibt. Einst vom Abriss bedroht, ist das Gebäude seit 2005 Heimstatt eines kleinen Museums, dessen Sammlung einen umfassenden Einblick in die Lebens- und Arbeitsverhältnisse in Korschenbroich um 1900 bietet. Mit Unterstützung des Fördervereins „Alter Bahnhof Korschenbroich" und der Stadt, die den „Alten Bahnhof Korschenbroich" an der Bahnstrecke Düsseldorf–Mönchengladbach–Aachen 1988 erwarb und unter Denkmalschutz stellte, konnte der Heimatverein Korschenbroich dort ein Heimatmuseum einrichten.
Gezeigt werden beispielsweise Ausstattungen von Bahnhof und Bahnpersonal, häusliche Einrichtungen der ländlichen Bevölkerung, landwirtschaftliche Kleingeräte, Spielsachen und handwerkliche Werkzeuge von Anno dazumal. Darüber hinaus wird das „Museum Kulturbahnhof" auf vielfältige Art und Weise genutzt: sei es für Vorträge, Lesungen, Ausstellungen und Liederabende oder für Konferenzen oder gar standesamtliche Trauungen. Gäste werden immer sonntags von 14 bis 17 Uhr willkommen geheißen. Der Eintritt ist frei. Das Museumscafé liefert mit Kaffee, Kuchen und nichtalkoholischen Getränken eine willkommene Wegzehrung.

Informationen
Kulturbahnhof mit Heimatmuseum
Am Bahnhof 2
41352 Korschenbroich
Tel. 02161 / 64 04 -72 und -06
www.heimatverein-korschenbroich.de

Öffnungszeiten:
So 14-17 Uhr

Die NRW-Stiftung unterstützte die Einrichtung des Kulturbahnhofs.

19
10632/2

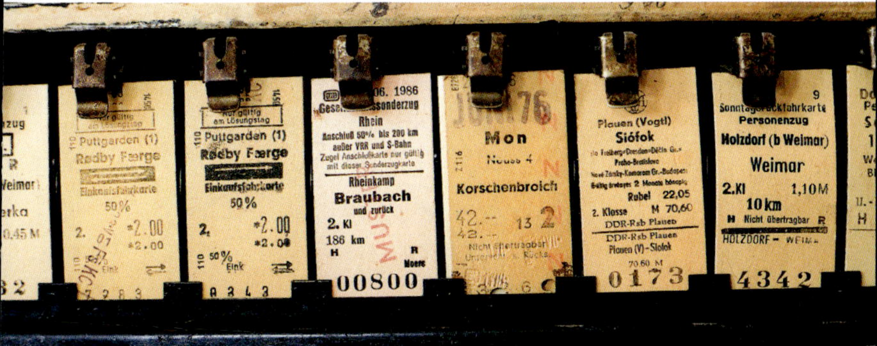
Puttgarden (1)
Rødby Færge
Einkaufsfahrkarte
50%
Rheinkamp
Braubach
und zurück
00800
Mon
Korschenbroich
Plauen (Vogtl)
Siófok
0173
Sonntagsrückfahrkarte
Personenzug
Holzdorf (b Weimar)
Weimar
2.Kl 1,10M
10 km
4342

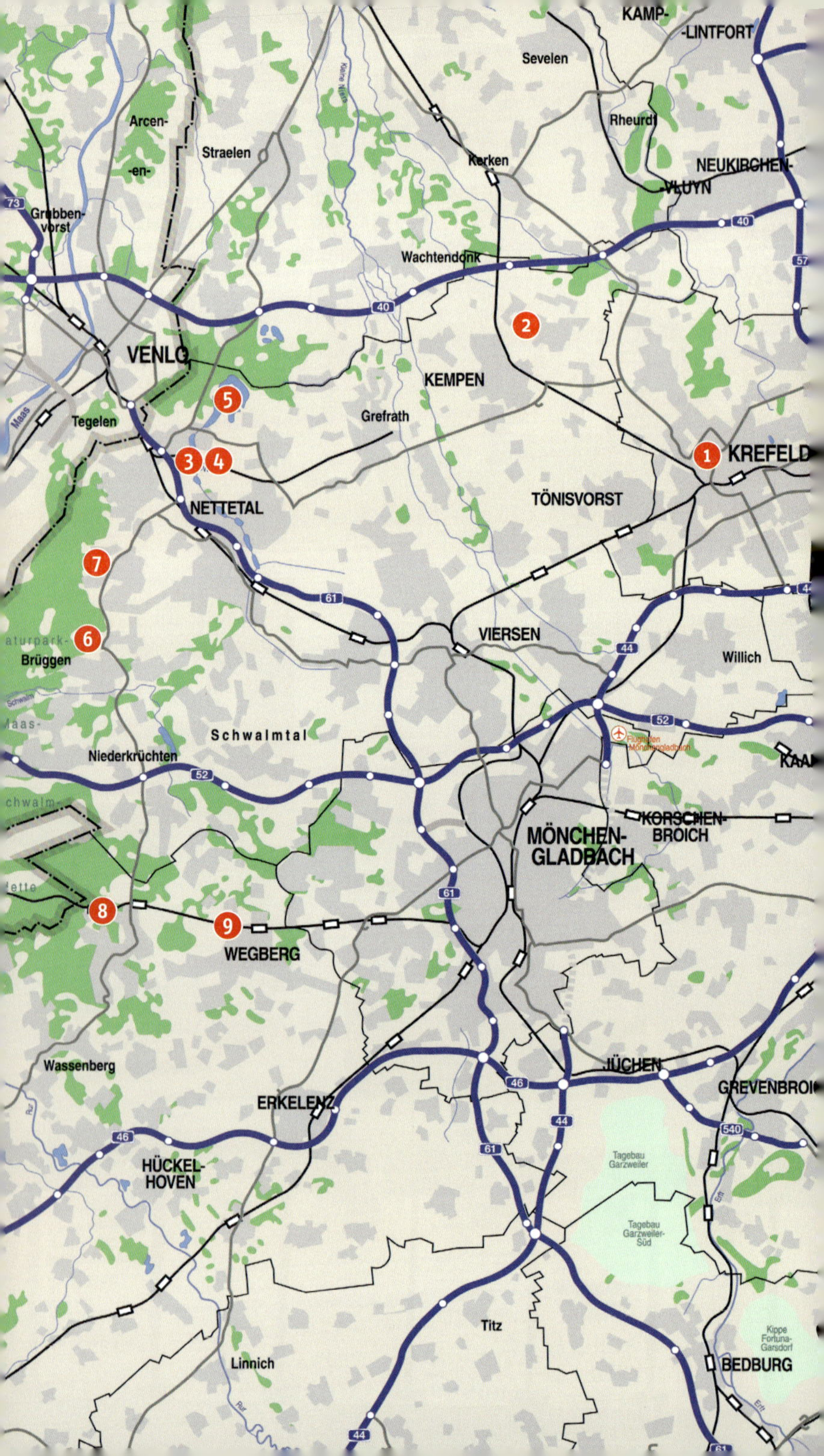
KAMP-
-LINTFORT
Sevelen
Rheurdt
NEUKIRCHEN-
-VLUYN
Kerken
Straelen
Arcen-
-en-
Grubben-
vorst
Wachtendonk
VENLO
KEMPEN
Grefrath
Tegelen
KREFELD
NETTETAL
TÖNISVORST
VIERSEN
Willich
Brüggen
Schwalmtal
Niederkrüchten
MÖNCHEN-
GLADBACH
KORSCHEN-
BROICH
WEGBERG
Wassenberg
ERKELENZ
JÜCHEN
GREVENBROI
HÜCKEL-
HOVEN
Tagebau
Garzweiler
Tagebau
Garzweiler-
Süd
Titz
Linnich
BEDBURG
Kippe
Fortuna-
Garsdorf
Maas
1
2
3
4
5
6
7
8
9
40
61
44
52
46
540
57
73

RUND UM VIERSEN UND KREFELD

NATUR UND NAPOLEONS UNVOLLENDETE

Die Region rund um Viersen und Krefeld ist ein Radlerparadies. Aber das konnte Napoleon nicht wissen. Schließlich war das Fahrrad noch nicht erfunden, als 1807 auf Geheiß des französischen Kaisers mit dem Bau eines Kanals von Neuss nach Antwerpen begonnen wurde. Der „Grand Canal du Nord“ sollte als Teil eines mitteleuropäischen Kanalsystems den Warenverkehr beschleunigen. Als die Niederlande vorübergehend Teil Frankreichs wurden, verlor Napoleon das Interesse an der Binnenschifffahrt und das Projekt „Grand Canal du Nord“ wurde eingestellt.
200 Jahre später ist das Fahrrad längst erfunden – und ein grenzüberschreitender Radweg erinnert nun an das ehrgeizige Bauvorhaben. Die 100 Kilometer lange „Fietsallee am Nordkanal“ führt dem historischen Verlauf des Nordka-

Bild oben:
Schloss Krickenbeck in Nettetal.

nals folgend von Neuss nach Nederweert in den Niederlanden – am Wegesrand erinnern zahlreiche Sehenswürdigkeiten und Reste historischer Kanalbauwerke wie Schleusen, Erdwälle oder das restaurierte Brückenwärterhäuschen bei Viersen an Napoleons „Unvollendete".

So reizvoll es sein mag, dem Weg in die Niederlande zu folgen – vieles spricht dafür, einfach im Kreis Viersen zu verbleiben. Die Kreisstadt mit ihren üppigen Freizeit- und Kulturangeboten, den stillen Niers-Auen, dem Skulpturenpark oder der Dülkener Altstadt mit ihrer in Teilen erhaltenen Stadtmauer bildet den idealen Ausgangspunkt für Ausflüge ins Umland.
Wer der „Fietsallee am Nordkanal" folgt, gelangt schließlich in eines der ältesten Naturschutzgebiete Nordrhein-Westfalens. Im Naturerlebnisgebiet Krickenbecker Seen verbinden sich weite Wasserflächen, Ackerlandschaft, Wälder und Wiesen zu einem reizvollen Landschaftspuzzle. Insgesamt vier dieser Naturerlebnisgebiete gibt es im Kreis, der in Teilen wiederum zum Erholungsgebiet des Naturparks Schwalm-Nette gehört. Auch im Naturerlebnisgebiet Elmpter Schwalmbruch ist Wasser der Hauptdarsteller. Auf drei Rundwanderwegen lässt sich das einstige Tal der Schwalm erkunden, die sich vor ihrer Begradigung vor rund 100 Jahren durch eine ursprüngliche Landschaft voller Seen, Tümpel und Moore schlängelte. Wacholderheide, Erlenbruchwälder und kleine Altarme bilden heute den Lebensraum für seltene Pflanzen und Tiere. Im Naturerlebnisgebiet Brachter Wald konnten sich Flora und Fauna ebenfalls nahezu ungestört entwickeln. Fast 50 Jahre lang war das zwölf Qua-

dratkilometer große Areal militärisches Sperrgebiet. Bis 1996 unterhielt die britische Rheinarmee hier ihr Munitionsdepot. Nach Abzug der Truppen hat die NRW-Stiftung große Teile des Areals gekauft. Es wurde unter Naturschutz gestellt und lässt sich heute auf zahlreichen Wanderwegen erkunden.

Kiefern- und Laubwälder, Birken- und Stieleichen-Alleen, offene Moor- und Heideflächen bilden die Kulisse für das grenzüberschreitende Naturerlebnisgebiet Holtmühle-Galgenvenn. Besucher wandeln hier auf historischen Pfaden: Der Weg folgt zum Teil der alten Römerstraße, einem Handels- und Militärweg, der Xanten mit Aachen und Trier verband.

Eines der beliebtesten Naherholungsgebiete im Kreis Viersen ist der Hariksee. In der kleinen Marina können Kajak, Paddel- oder Tretboote ausgeliehen werden, ein rund drei Kilometer langer Rundwanderweg erschließt die dicht bewaldete Uferlandsschaft. Mitten im Naturpark Schwalm-Nette liegt Brüggen, das Besucher mit seinem mittelalterlichen Stadtbild verzückt. Ein Wahrzeichen im Herzen der Stadt ist die alte Burg aus dem 13. Jahrhundert. Die Informationsstelle des Naturparks zeigt hier Wissenswertes zur Flora und Fauna der Region.

Lohnenswert ist auch ein Abstecher nach Krefeld. Der Beiname „Samt- und Seidenstadt" geht darauf zurück, dass vor allem die Textilindustrie die Region geprägt hat. Davon zeugen auch heute noch die Historische Paramentenweberei im Haus der Seidenkultur, das Deutsche Textilmuseum mit einer der international wichtigsten Sammlungen historischer Bekleidung und das Weberhaus in der Nachbarstadt Kempen. Dort sollte man auch einen Spaziergang durch die Gassen des mittelalterlichen Stadtkerns nicht versäumen. Eines der bekanntesten Wahrzeichen Krefelds ist Burg Linn, eine von ausgedehnten Parkanlagen umgebene Wasserburg mit Jagdschloss. Hier findet jedes Jahr im Frühling der Flachsmarkt statt, ein mittelalterlicher Handwerkermarkt.

Die Niers schlängelt sich gemächlich durch fruchtbare Wiesen und Felder. Gäste der Niers sind als leise Flusswanderer ein Teil der Natur.

1 PARAMENTENWEBEREI KREFELD

Künstliche Beleuchtung, klappernde Maschinen, Faserstaub. Garn wird gespult und gefädelt. Hände manövrieren Weberschiffchen durch Fadenmeere: Abwechselnd werden die Helfer aus Holz mal unter, mal über die farbigen Ketten hinweg bewegt. In Handarbeit entstanden einst in der Paramentenweberei Hubert Gotzes kunstvolle Stoffe und Muster aus Samt und Seide. Nicht zufällig hat die Fabrik ihren Sitz in Krefeld: Seit Mitte des 17. Jahrhunderts ist die Seidenproduktion traditionelles Gewerbe der rheinischen Stadt.

Inzwischen ist die alte Fabrik ein Museum und ein Denkmal der Textilgeschichte. Doch einmal im Monat lässt die Werkstatt die Maschinen wieder klappern: Dann führen ehemalige Weber das alte Handwerk wieder vor. Zudem erzählen Musterbücher und Archivbestände von den prunkvollen Geweben, die gefertigt wurden. Außerdem sind einige der Samt- und Seidenstoffe auf den großen, aus dunklem Holz gefertigten Handwebstühlen ausgestellt. Spulen und Kettbäume, die in die Maschine eingehängt werden, um die zum Weben unerlässlichen „Ketten" herzustellen, stehen neben Garnrollen und Webstühlen. Bis ins Detail erleben die Besucher hier, wie aus einem Faden ein edler Stoff beispielsweise für ein Priestergewand entsteht.

Man schrieb das Jahr 1905, als die Paramentenweberei Gotzes die Produktion aufnahm. Das Gebäude an der Luisenstraße, das der Seidenwarenfabrikant Gottfried Diepers 1868 hatte bauen lassen, entsprach den besonderen Anforderungen des Handwebens dank seiner großen Fenster in Richtung Süden perfekt: Zu jeder Tageszeit gab es so genügend Licht an den Webstühlen, was die Fertigung kostbarer Gewebe auf den neuen, hochtechnisierten Jacquard-Handwebstühlen erleichterte.

Spezialisiert war das Unternehmen auf die Herstellung von Textilien für den Kirchenraum. Ganz bestimmte Farbkombinationen und sym-

Informationen

Haus der Seidenkultur/
Historische Paramentenweberei Hubert Gotzes
Luisenstr. 15
47799 Krefeld
Tel. 02151 / 51 08 12
www.paramentenweberei.de

Öffnungszeiten:
Jeden 1. und 3. Sonntag im Monat 14-18 Uhr und nach Vereinbarung

Kinder

www.nrw-entdecken.de

Die NRW-Stiftung unterstützte den Erwerb der Paramentenweberei Hubert Gotzes in Krefeld und half bei der Einrichtung einer Dauerausstellung.

bolische Muster von mit Gold- und Silberfäden durchwirkten Altar- und Kanzelbehängen, Fahnen und Gewändern begleiteten besonders Geistliche aus Nordamerika, Hauptabsatzgebiet des Unternehmens, durch das Kirchenjahr. Regelmäßig bestellten amerikanische Priester in Krefeld die hochwertigen, edel schimmernden Stoffe, von denen ein erfahrener Weber am Tag nur einen halben Meter schaffte.
Bereits früh erarbeiteten sich die Krefelder dabei den Ruf, qualitativ hochwertige Arbeit abzuliefern. Als Beleg muss in den Erzählungen beispielsweise immer wieder der Brief einer Nonne aus Chicago herhalten: Sie berichtete von einer Prozession anlässlich des 26. Eucharistischen Weltkongresses 1926, bei der ein plötzlicher Regenschauer die Teilnehmer überraschte. Die Farben der Paramente liefen aus – das klatschnasse Ergebnis bot einen mehr als kläglichen Anblick. Bis auf die Stoffe aus dem Hause Hubert Gotzes – hier blieben sämtliche Arbeiten farbecht.
Doch Mitte der 1960er Jahre, nach dem zweiten Vatikanischen Konzil, verschlechterte sich die Auftragslage der Weberei. Die liturgischen Gewänder wurden insgesamt schlichter, und die kunstvoll hergestellten Messgewänder kamen nur noch an bestimmten Feiertagen oder bei Hochämtern zum Einsatz. Nach und nach

Die letzte ihrer Art: Jacquard-Handweberei Gotzes in Krefeld.

wurde der Geschäftsbetrieb zurückgefahren, kam komplett jedoch erst 1992 nach dem Tod des letzten Webers zum Erliegen.
Im Jahr 2000 übergaben die NRW-Stiftung und die Sparkassenstiftung Krefeld, die die Immobilie erworben hatten, die einstige Fabrik dem „Förderverein Paramentenweberei", dessen Mitglieder unermüdlich historische Schriftstücke und Musterzeichnungen sammeln sowie Gebäude und Werkzeuge restaurieren. Doch damit nicht genug: An den alten Hand-Jacquard-Webstühlen sollen wieder regelmäßig wertvolle Stoffe nach alten Vorlagen produziert werden. Parallel halten Ausstellungen und Veranstaltungen das traditionsreiche Handwerk in der Seidenweberstadt lebendig. So sind beispielsweise die ehemaligen Zuschneide- und Stickräume mittlerweile Schauplatz für Wechselausstellungen und Präsentationen alter Handwerke, deren Thema zumeist mit der Geschichte des Hauses oder der Samt- und Seidenstadt korrespondiert. So gibt es im „Haus der Seidenkultur" – neben den historischen Eindrücken – stets etwas Neues zu sehen und zu erleben.

SEHENSWERT

Heimathäuser in Tönisvorst

Gleich auf zwei Heimathäuser ist man in Tönisvorst stolz: Jenes an der Kuhstraße im Ortsteil Vorst vereint unter seinem Dach eine alte Schusterwerkstatt und ein Zeitungsarchiv, in dem Interessierten historische Informationen zur Verfügung gestellt werden.
Im Heimathaus „Heimat im Porzellanladen" des St. Töniser Heimatbundes, einem einstigen Geschäft an der Antoniusstraße, kann man neben wechselnden Ausstellungen auch die Nachbildung einer Webstube sowie der Rixen-Gaststätte sehen.

Informationen:

Heimathaus im Porzellanladen:
Heimatbund St.Tönis 1952 e.V.
Antoniusstraße 6
47918 Tönisvorst
Öffnungszeiten: Sa 10-12 Uhr
www.heimatbund-st-toenis.de

Heimathaus Vorst:
Heimatverein Vorst
Kuhstr. 6
47918 Tönisvorst
Tel. 02156 / 71 03
Öffnungszeiten: Mo 15-19 Uhr
www.heimatverein-vorst.de

2 WEBERHAUS KEMPEN

Informationen
Heimatverein St. Hubert 1964 e. V.
Bellstr. 23
47906 Kempen-St.Hubert
Tel. 02152 / 75 00
www.heimatverein-st-hubert.de

Die NRW-Stiftung half bei der denkmalgerechten Instandsetzung des Weberhauses in Kempen.

Am Nikolaustag 2003 wurde das Weberhaus Kempen der Öffentlichkeit übergeben – als Heimatmuseum und „gute Stube" des Vereins. Als typisch niederrheinisches Weberhaus war das Gebäude 1858 in der heutigen Königsstraße im Kendeldorf errichtet worden – und als solches sollte es auch erhalten bleiben. Der eingeschossige Backstein-Bau steht auf rechteckigem Grundriss, hat ein traufständiges Satteldach, und eine Hälfte des Inneren füllt die Webstube. Während die meisten dieser Gebäude im Laufe der Zeit abgerissen, umgebaut oder in ihrem Äußeren verändert wurden, präsentiert sich das Weberhaus Kempen unverfälscht und wurde nach den Vorgaben des Rheinischen Amtes für Denkmalpflege wieder hergerichtet.
Besucher können heute neben der originalgetreu eingerichteten Schneider- und Weberstube unter anderem auch einen Schlafraum besichtigen; regelmäßig demonstrieren Vereinsmitglieder bei Tagen der offenen Tür (Termine im Internet) zudem die Arbeit am großen Webstuhl oder am Spinnrad.

3 LANDSCHAFTSHOF BAERLO

Ein Knacken im Unterholz, ein Rascheln der Blätter, dann ertönt der Ruf eines Käuzchens. Plötzlich durchbricht der Schein einer Taschenlampe die Dunkelheit und verfolgt eine mausgroße, flatternde Gestalt auf ihrer Flugbahn drei Meter über dem Boden. Das ist nicht etwa die Szene eines Draculafilms, sondern spannende Realität, die die Teilnehmer einer Exkursion am Niederrhein erleben. Sie haben die Jäger der Nacht – die Fledermäuse – aufgespürt.
Dieser Ausflug gehört zu den zahlreichen Angeboten des Landschaftshofes Baerlo, dem Besucherzentrum der Arbeitsgemeinschaft Biotopschutz im Kreis Viersen. Am Rande des Nettetals und des Naturschutzgebietes „Kleiner de Witt-See“ hat die Arbeitsgemeinschaft Biotopschutz eine alte Feldscheune erworben und zu einem Informationszentrum umgebaut. Hier werden nicht nur Geräte für die Landschaftspflege untergestellt, sondern es gibt Platz für Ausstellungs- und Schulungsräume.

Tierische Unterstützung bei ihrer Arbeit erhalten die Naturschützer auch von den Schottischen Hochlandrindern: Diese halten im Sommer das Gras kurz und verwerten im Winter das Heu der Wiesen.

Einblicke in das Leben heimischer und seltener Tierarten wie Graureiher, Libellen und Fledermäuse erhalten Gäste auf organisierten und vom Landschaftshof ausgerüsteten Exkursionen. Zu Fuß oder mit dem Fahrrad wird das angrenzende Naturschutzgebiet erforscht. Abenteurer, deren Tour vor Anbruch der Dunkelheit endet, können im restlichen Tageslicht die Nutzpflanzen der Region im Bauerngarten des Landschaftshofes kennenlernen.

Doch die Beobachtung der heimischen Tier- und Pflanzenwelt unter kundiger Anleitung ist nur einer der Programmpunkte. Darüber hinaus bietet der Landschaftshof Besuchern die Möglichkeit, sich an Aktionen zu beteiligen. Die Naturschützer engagieren sich beispielsweise für den Schutz der für das niederrheinische Landschaftsbild typischen Kopfweiden. Früher markierten die Bäume Grundstücksgrenzen, lieferten Brennholz, Ruten für Flechtwerk und Viehfutter. Diese Funktion haben sie heute nicht mehr, aber nach wie vor nutzen Vögel wie der Steinkauz die Weiden als Nist- und Schlafplätze. Im Landschaftshof Baerlo wird das alte Handwerk der Korbflechterei für die Nachwelt erhalten. Besucher können bei der Ernte der Weidenruten zusehen oder sich selbst an der Herstellung von Körben versuchen.

Der Landschaftshof Baerlo zeigt, dass Bewusstsein für Kulturgeschichte, Naturschutz und nachhaltige Wirtschaft oft verschiedene Fäden ein und desselben Gewebes sind.

Informationen

Landschaftshof Baerlo
Baerlo 14a
41334 Nettetal
Tel. 02153 / 97 29 72
www.landschaftshof-baerlo.de

Öffnungszeiten:
Freigelände: ganzjährig geöffnet
Gebäude:
So/Fei 10-12 Uhr, 14-18 Uhr; im Sommer zusätzlich: Do & Sa: 14-18 Uhr

Die NRW-Stiftung unterstützte den Verein beim Kauf einer alten Scheune, die Platz für Ausstellungs- und Schulungsräume bietet. Außerdem förderte sie die Ausstellung „Weide und Korb“.

4 NATURSCHUTZHOF NETTETAL

Ein Erlebnis der besonderen Art ist ein Besuch auf dem Naturschutzhof Nettetal inmitten des Naturparks Schwalm-Nette – hier kann und soll Natur mit allen Sinnen erlebt werden. Für Besucher stehen das unmittelbare Naturerlebnis und der verantwortungsvolle Umgang mit der Natur im Vordergrund.

Der seit 1985 bestehende Naturschutzhof wurde barrierefrei gemacht, so dass jetzt alle Menschen mit und ohne Behinderung das vielfältige Angebot ohne Schwierigkeiten wahrnehmen können. Und das hat es wirklich in sich! Neben informativen Veranstaltungen und Vorträgen zu ökologischen Themen wie Vogelschutz oder Insektenkunde bietet der Hof auch die Möglichkeit, verschiedene Entdeckungsreisen in die Natur zu unternehmen.

Es gibt einen Apfelsorten-Weg, einen Vogelnester-Lehrpfad und ein Schmetterlingsquiz. Besucher können im Blindengarten ihre Sinne erproben und versuchen, Pflanzen nur durch Riechen und Tasten zu erkennen – und die Lösung anschließend mit den Fingerspitzen in Blindenschrift nachlesen.

Um den Naturschutzhof herum wird auch präsentiert, wie naturnahe Gartengestaltung aussehen kann: Ein Rundgang führt durch die vielfältigen Schaugärten mit Duft- und Kräutergarten, Stein- und Bauerngarten.

Ein besonderes Programm bietet der Naturschutzhof für Kinder. Für Gruppen können naturkundliche Exkursionen vorbereitet werden, außerdem bieten die Mitarbeiter für Kindergartengruppen oder Schulklassen spannende Aktionen wie Gewässeruntersuchungen oder eine Baumrallye an.

Im zum Hof gehörenden Werkraum und auf dem Außengelände können außerdem Nisthilfen für Vögel, Fledermäuse und Insekten gezimmert werden.

Informationen

Naturschutzhof Nettetal
Sassenfeld 200 (am De Witt See)
41334 Nettetal-Lobberich
Tel. 0253 / 89374
www.nabu-krefeld-viersen.de

Öffnungszeiten:
Mo-Do 8-16 Uhr
Fr 8-14.30 Uhr
von Mai bis Oktober zusätzlich So 11-17Uhr
Das Außengelände ist jederzeit zugänglich.

Kinder

- Untersuchung unterschiedlicher Lebensräume (Teich, Wiese), Pflanzen und Tiere
- Führungen über den Naturschutzhof
- Rallyes zu Kräutern, Vögeln
- Bau von Nisthilfen

Die NRW-Stiftung half beim Umbau und der Einrichtung des Hauses und finanzierte die barrierefreien Sanitäranlagen.

Der Naturschutzhof in Nettetal bietet viele Anregungen für naturnahe Gartengestaltung.

STUFENBEET

5 KRICKENBECKER SEEN

Das Schutzgebiet Krickenbecker Seen in Nettetal-Hinsbeck gehört zu den beliebtesten Naturzielen in Nordrhein-Westfalen: An den Wochenenden kommen unzählige Gäste, um die Seen oder auch andere Ziele im internationalen Naturpark Maas-Schwalm-Nette zu erkunden. Als Ausgangspunkt für Streifzüge durch die Wasser- und Heidelandschaft bietet sich das Informationszentrum Krickenbecker Seen an.

Wo seit einigen Jahren Schauwände, Diaprojektionen und Videofilme über Schönheiten und Schwachstellen der grünen Oase aufklären, sind Wasserratten früher von der Straßenkleidung in die Badesachen geschlüpft: Die ehemaligen Umkleidekabinen des Krickenbecker Freibades wurden ausgebaut und eingerichtet. Neu ist auch ein Aussichtssteg, der direkt vom Informationszentrum in den Hinsbecker Bruch führt. An dessen Ende bietet eine Plattform ausgezeichnete Blicke in die Seenlandschaft.

Die benachbarte Biologische Station, die das Zentrum betreut, stellt den Besuchern umfassende Informationen zum Naturschutzgebiet sowie der heimischen Pflanzen- und Tierwelt bereit. Landschaftsmodelle erklären die Entstehung der Torfmoore, Computersimulationen und ein neu eingerichteter „Hörraum" vermitteln Wissenswertes vor dem Besuch des Naturschutzgebietes. Wechselausstellungen, Vorträge

Informationen
Infozentrum Krickenbecker Seen
Krickenbecker Allee 36
41334 Nettetal
Tel. 02153 / 91 29 09
www.bsks.de

Kinder
- thematische Führungen: Fledermäuse, Glühwürmchen, Lebensraum Teich

www.nrw-entdecken.de

Die NRW-Stiftung unterstützte die Umbaumaßnahmen am Informationszentrum.

und Exkursionen ergänzen das Programm. Neben Bestimmungsbüchern finden Besucher hier auch Wander- und Radkarten, die den Weg durch die Seenlandschaft zeigen, ohne ihre tierischen Bewohner allzu sehr zu stören.

Das ist das Ziel des Infozentrums Krickenbecker Seen: Ein intensives Naturerlebnis für Spaziergänger und Radwanderer, das sich jedoch innerhalb der ausgewiesenen Wege des Schutzgebietes abspielt. Im Infozentrum wird um Verständnis geworben für die Zonen der Landschaft, die der Mensch nicht betreten soll. Große und kleine Besucher erfahren hier, dass Freude und Spaß an der Natur mit ihrem Schutz zusammenhängen. Dass dieser Gedanke keine Grenzen kennt, vermitteln auch die Mitarbeiter der Biologischen Station Krickenbecker Seen: Sie arbeiten mit den Kollegen des Schutzgebietes Groote Heide im niederländischen Venlo eng zusammen und unterbreiten gemeinsame Ausflugsangebote für Naturfreunde.

Informativ und einfach nur schön: An- und Ausblicke an den Krickenbecker Seen.

6 MUSEUM MENSCH UND JAGD

Hirsch und Hase sind drin im deutschen Jagdrecht, Elefanten dagegen würde man im Paragrafen-Dschungel vergeblich suchen. Dennoch ist ein riesiger Dickhäuter, erlegt von einer illustren Jagdgesellschaft unweit der Weser, ein zentraler „Hingucker" im Jagd- und Naturkundemuseum in der schönen Burg Brüggen im Kreis Viersen, das seit Frühjahr 2011 „Museum Mensch und Jagd" heißt. Wer wissen möchte, was es mit der ungewöhnlichen Beute auf sich hat, dem sei der Besuch der Ausstellung zur „Geschichte der Jagd" empfohlen.

So viel sei verraten: Die Geschichte der Jagd in Nordrhein-Westfalen ist mindestens zweitausend Mal älter als unser Bundesland. So fand die tödliche Begegnung zwischen dem Rüsseltier und seinen Verfolgern bereits in der letzten Zwischeneiszeit vor 120.000 Jahren statt. Bezeugt ist sie durch eine 240 Zentimeter lange Stoßlanze aus Eibenholz. Die urtümliche Jagdwaffe fand man zwischen den Rippen des Waldelefanten, der keine 50 Kilometer außerhalb des heutigen Landes NRW sein Leben aushauchte, zweifellos einer der frühesten und spektakulärsten Nachweise menschlicher Jäger an Rhein und Weser.

Später folgten Pfeil und Bogen sowie die Armbrust als klassische Jagdwaffen. Letztere blieb bis weit in die Neuzeit das Maß der Dinge, denn Feuerwaffen waren noch Jahrhunderte nach ihrer Erfindung viel zu unpraktisch. Bis ein Rad- oder Steinschlossgewehr geladen, in Anschlag gebracht und ausgelöst war, hatte das Wild längst Lunte gerochen und war verschwunden. Doch so interessant die Entwicklung der Jagdwaffen auch sein mag, bei den Exponaten spielen sie eine Nebenrolle. „Die Geschichte der Jagd ist nicht die Erfindung des Zielfernrohrs oder die Novellierung des Deutschen Jagdgesetzes", bestätigt Peter Bürger, der die Ausstellung im engen Austausch mit der Museumsleiterin und Försterin Daniela Happ und anderen Fachleuten entwi-

Informationen

Museum Mensch und Jagd
in der Burg Brüggen
Burgwall 4
41379 Brüggen
Tel. 02163 / 57 84 03

Öffnungszeiten:
Di-So 10-17 Uhr
www.brueggen.de

Das Jagd- und Naturkundemuseum befindet sich in den oberen Etagen der Burg.

Mithilfe der NRW-Stiftung konnte der Bereich „Geschichte der Jagd" eingerichtet werden.

ckelt hat – „viel interessanter ist doch, wie sich die Bedeutung der Jagd unter sich wandelnden kulturellen und gesellschaftlichen Vorzeichen verändert hat." Wann und wo mutierte sie vom reinen Nahrungserwerb zum Statussymbol? Wie und warum wurde sie von einem Privileg des Adels zu einer bürgerlichen oder bäuerlichen Beschäftigung? Dass es diesen Wandel gab, davon künden beispielsweise auch die Kochbücher des 19. Jahrhunderts. Wo vorher nur Eisbein und Hähnchen gesotten wurden, füllen jetzt auch Rezepte für Hirschkeule und Wildschweinbraten die Seiten.
Besonders spannend sind jene Aspekte, bei denen die Besucher in eigenen Verhaltensweisen plötzlich jagdliche Gewohnheiten oder Fertigkeiten wiedererkennen. Dafür muss man weder einen Hut mit „Dachsbart" besitzen, noch je bei der Kirmes-Schießbude auf eine Plastikrose angelegt haben. Denn das evolutionäre Erbe findet sich sehr wohl auch in der Ausdauer und Findigkeit eines erfolgreichen Schnäppchen- oder Autogrammjägers oder in der perfekten Kombination von „richtigem Riecher", Kraft und Schnelligkeit eines Torjägers.

Ein riesiger Dickhäuter, erlegt von einer illustren Jagdgesellschaft unweit der Weser, ist ein zentraler „Hingucker" im Jagd- und Naturkundemuseum.

7 BRACHTER WALD

In Brüggen-Bracht, unmittelbar an der deutsch-niederländischen Grenze, verschwanden Anfang der 1950er-Jahre zwölf Quadratkilometer Heide hinter NATO-Stacheldraht. Die britische Rheinarmee errichtete hier ein riesiges Munitionsdepot. Über 200 Hallen und Lagerplätze, 88 Kilometer Straßen und Wege, 15 Kilometer Schienen und vier Bahnhöfe – alles, um tausende Tonnen konventioneller Munition zu bunkern. Vor neugierigen Blicken schützten Kiefernforste und ein 22 Kilometer langer Zaun. Im Inneren aber, auf Splitterschutzwällen und großzügig bemessenen Brandschutzschneisen und entlang der vielen Wege, blieb die alte Heidevegetation erhalten. Sandmagerrasen und Zwergstrauchheiden, die vor Jahrhunderten durch Schafbeweidung entstanden waren, dienten jetzt der militärischen Sicherheit.

Gut 30 Jahre später, als das politische Tauwetter der 1980er-Jahre den Kalten Krieg ablöste, vollzog sich auch in Brüggen-Bracht ein unerwarteter Wandel. 1996 setzte die britische Armee mit der Räumung des Geländes den Schlusspunkt hinter ein langes Kapitel der Nachkriegsgeschichte am Niederrhein. Die Kampfmittel wurden abtransportiert, das Gebiet unter Naturschutz gestellt und für Besucher zugänglich gemacht. Auf Anregung der Biologischen Station Krickenbecker Seen e.V. kaufte die Nordrhein-Westfalen-Stiftung 1998 große Teile dieses Gebietes, um es auf Dauer zu erhalten. Seither wurde es für Wanderer und Radfahrer geöffnet, entsprechende Wege ausgewiesen und Infotafeln aufgestellt. Aus dem Munitionsdepot wurde eine Natur- und Erholungslandschaft.

Für Pflanzen und Tiere hat sich nicht viel verändert. Statt olivgrüner Jeeps kommen jetzt Gruppen radelnder Naturfreunde vorbei. Und wo früher Soldaten Wache schoben, macht heute gelegentlich ein Betreuer der Biologischen Station seine Runde und erläutert interessierten Besuchern die Heide-Pflanzen und -Tiere. Anderswo

Informationen

Infozentrum
Krickenbecker Seen
Krickenbecker Allee 36
41334 Nettetal
Tel. 02153 / 91 29 09
www.bsks.de

Die NRW-Stiftung kaufte den größten Teil des ehemaligen Munitionsdepots, um die außergewöhnliche Heidelandschaft dauerhaft zu sichern.

sind sie nämlich äußert rar geworden, hier aber findet man sie noch in beeindruckender Dichte. Die typischen Gewächse trockener Heidelandschaften sind niedrige Sträucher und anspruchslose Gräser. Zusammen mit der vorherrschenden Besenheide, dem „Heidekraut“, findet man mehrere Ginsterarten. Vögel wie der Baumpieper bauen ihr Nest am Boden in der offenen Heide, brauchen aber hohe Bäume, um von dort ihren Singflug zur Reviermarkierung zu starten. Gerade für Tiere, die auf dieses Nebeneinander angewiesen sind, ist der Brachter Wald wegen des Mosaiks aus Wald und Offenland ein idealer Lebensraum. Dazu tragen aber auch die Ruhe und Abgeschiedenheit bei. Von mehreren stark gefährdeten Vogelarten wie Heidelerche und Schwarzkehlchen gibt es hier so viele Paare wie sonst kaum irgendwo in NRW. Die lückige Ve-

Fast 50 Jahre lang entwickelte sich in dem Sperrbezirk des Munitionsdepots eine großflächige Heidelandschaft mit einer erstaunlich vielfältigen Tier- und Pflanzenwelt.

Die Natur im Brachter Wald bietet viele Überraschungen: Heidelerche, Schwarzkehlchen, Moorfrosch, Feldgrille, selbst Ziegenmelker, Graue Glockenheide und Keulenbärlapp sind hier zu Hause.

getation und der leicht erwärmbare Sandboden bieten zusätzlich vielen Insekten hervorragende Bedingungen. Dazu gehört beispielsweise die Feldgrille, deren Zirpen man im Frühjahr überall in der Heide hört.

Der faszinierendste Bewohner des Brachter Waldes ist aber der etwa amselgroße Ziegenmelker. Seine geheimnisvolle nächtliche Lebensweise und sein „Gesang“ regten seit jeher die Fantasie der Menschen an. So glaubte man früher, er würde Ziegenställe aufsuchen, um den Tieren

Rund 60 Jahre lang war das 12,5 Quadratkilometer große Gebiet als britisches Militärdepot abgezäunt und streng bewacht.

Milch abzuzapfen. Sein graubraunes, wie Baumrinde gezeichnetes Gefieder tarnt ihn perfekt, wenn er tagsüber regungslos auf einem Kiefernast sitzt. Erst wenn es dunkel wird, beginnt er mit der Jagd auf Fluginsekten. Am ehesten verrät er seine Anwesenheit durch ein minutenlanges mechanisch klingendes Schnurren. In milden Frühlingsnächten sind oft mehrere Männchen gleichzeitig zu hören.

Damit die Heide auf den Schneisen, Wällen und Freiflächen erhalten bleibt, müssen junge Gehölze immer wieder entfernt werden. Im Munitionsdepot geschah das durch regelmäßiges Abmähen. Heute haben diverse Huftiere den Auftrag, dafür zu sorgen, dass Bäume und Sträucher nicht die „Oberhoheit" bekommen. Die fleißigsten Heidepfleger sind 1000 Moorschnucken, die von einigen Ziegen begleitet werden. Unterstützt werden sie von blonden Galloway-Rindern und einigen Konik-Pferden.
Vier mit farbigen Symbolen markierte und unterschiedlich lange Wege erschließen den größten Teil des Naturschutzgebietes und sind über jeden der sechs Zugänge zu erreichen. Das insgesamt 36 Kilometer lange Wegenetz ist ideal für Wanderungen oder Fahrradtouren durch den Brachter Wald.

SEHENSWERT

Windmühle Brüggen-Bracht
Die Turmwindmühle aus dem Jahr 1855 wurde 1925 bei einem Sturm stark zerstört. 2003 nahm sich der „Trägerverein Heimatmuseum Brachter Mühle e. V." der Mühle an – und sanierte sie umfassend. Ziel ist der Aufbau eines Museums, das neben der funktionstüchtigen Mühle die heimische Dachziegel- und Tonwarenindustrie, die Landwirtschaft sowie Wechselausstellungen mit Fotos und Werken Brüggener Persönlichkeiten präsentieren soll.

■ Informationen
Windmühle Brüggen-Bracht
Brüggener Str. 13, 41379 Brüggen
Mai bis September: jeder 1. Sonntag im Monat 11–17 Uhr
www.brachter-muehle.de
Führungen: Tourist-Information Brüggen, Tel. 02163 / 52 70.

8 ARSBECKER BRUCH

„Urwälder“ in Nordrhein-Westfalen? „Nur eine Frage der Zeit!“, sagen Waldökologen. Wälder ganz ohne Spuren menschlicher Einflussnahme gibt es bei uns derzeit zwar nicht, aber unsere Urenkel werden sie, wenn es gut läuft, an mindestens 74 Stellen wieder bestaunen können. Um dieses ehrgeizige Ziel zu erreichen, wurden seit Anfang der 1970er-Jahre in Nordrhein-Westfalen so genannte Naturwaldzellen ausgewiesen. Das sind repräsentative Waldbestände, in denen der Mensch nur beobachtet, aber nicht mehr eingreift. Ein solcher Standort ist der „Arsbecker Bruch“, ein Erlensumpfwald – einer der schönsten in NRW – in der Niederung des Rothenbaches bei Wegberg, westlich von Mönchengladbach, dicht an der niederländischen Grenze. Mit 50 Hektar gehört er zu den größeren Waldreservaten und ist Teil des Naturparks Maas-Schwalm-Nette. Dunkle Erlenstämme recken sich hier aus dem Wasser empor und spiegeln sich darin. Die sumpfige Landschaft mit einem sich gemächlich schlängelnden Bach erinnert an einen Mangrovenwald.

Hier wie auch in allen anderen Naturwaldzellen bleibt die natürliche Vegetation sich selbst überlassen – ohne Eingriff des Menschen. Daher wirken diese „Urwälder“ wild und unaufgeräumt: Bäume stehen nicht mehr in Reih und Glied, kreuz und quer liegen modernde Stämme.

Charakteristisch für die malerische Bruch- und Sumpflandschaft ist die Schwarzerle. Sie ist die einzige heimische Baumart, die mit dem sumpfigen und häufig überfluteten Boden eines solchen grundwassernahen Standortes zurechtkommt, denn Luftkanäle durchziehen ihre Stammbasis und Wurzeln. Im sauerstoffarmen Boden übernimmt der Baum also selbst die „Beatmung“ seiner Wurzeln.

Mit Beginn der modernen Forstwirtschaft im 19. Jahrhundert hat sich die Zahl der Bruch- und Sumpfwälder jedoch stark verringert. Dabei sind Erlenbruchwälder mit Birken, Gräsern und

Informationen

Ein Rundwanderweg führt durch das Gebiet: Startpunkt ist der Wanderparkplatz an der Dalheimer Mühle, Mühlenstraße, 41844 Wegberg-Rödgen. Zufahrt ab Kreisverkehr in Dalheim-Rödgen Richtung Friedhof (ca. 2,1 km). Vorschläge für Wanderungen im Naturpark Maas-Schwalm-Nette unter www.dalheim-roedgen.info

Die NRW-Stiftung hat Waldflächen im Arsbecker Bruch erworben, damit dort eine Naturwaldzelle eingerichtet werden kann.

Kräutern eigentlich die natürliche Form heimischer, grundwassernaher Wälder. Erst seit 1970 stehen sie als Naturwaldzellen unter Schutz. Ziel des landesweiten Programms ist aber nicht nur der Erhalt wertvoller Biotope: Naturwaldzellen sind bei Forstleuten und Ökologen beliebte Studienobjekte: Wo die Säge für immer schweigt, lässt sich das natürliche Konkurrenzverhalten der Bäume ebenso studieren wie die unbeeinflusste Abfolge von Wachstum, Alterung, Zerfall und Verjüngung. Besonders alte und abgestorbene Baumveteranen bieten Lebensräume für Totholz bewohnende Pilz- und Tierarten, die im Wirtschaftswald kaum noch zum Zuge kommen. Gleichwohl sind die meisten Zellen auch für interessierte Naturliebhaber erschlossen. Den „Arsbecker Bruch“ erkunden Spaziergänger und Radfahrer auf ausgewiesenen Wegen und Pfaden, von wo aus sich Flora und Fauna in aller Ruhe beobachten lassen.
Lediglich 1,26 Prozent der Waldfläche in Nordrhein-Westfalen sind aus der forstlichen Nutzung genommen. Vielen Naturschützern ist das viel zu wenig. Ihre Forderungen gehen dahin, ein Zehntel der Waldfläche der Natur zu überlassen – etwa dort, wo sich im Staatswald die Forstwirtschaft nicht mehr lohnt. So könnten in Wäldern, die allen Bürgern gehören, neue Urwälder von morgen entstehen.

Der Mensch ist hier nur Zuschauer: Naturwaldreservate sind wichtige Anschauungs- und Forschungsprojekte für eine naturbestimmte Waldentwicklung.

9 FLACHS- UND VOLKSTRACHTENMUSEUM

Wer früher am Niederrhein Flachs ernten wollte, musste nicht nur bis drei, sondern dreimal bis hundert zählen können: „Am hongeschte Daach siene, honget Stond em Jrongk, un honget Daach över de Jrongk!“ („Am hundertsten Tag säen, hundert Stunden im Grund und hundert Tage über dem Grund!“). So beschrieben die Bauern, wann ausgesät werden konnte, wie lange die Leinsamen keimten und zu welcher Zeit der reife Flachs zu ernten war. Der Heimatverein in Wegberg-Beeck hält die Erinnerung an diese Traditionen lebendig und präsentiert den Besuchern zwei reizvolle Museen zum Flachsanbau und zum Thema „Volkstrachten“.

„Das Säen ging besonders gut von der Hand, wenn der Bauer vorher ein gut belegtes Speckbrötchen gegessen hatte. Dann rutschten die Leinsamen ganz gleichmäßig durch die fettigen Finger“, erklärt Heinz Gerichhausen, Vorsitzender des Heimatvereins. „Außerdem durfte beim Säen nicht gesprochen werden. Um das nicht zu vergessen, nahm der Sämann einen Zweig zwischen die Zähne.“ Anders als auf dem Feld wird im Flachsmuseum viel gesprochen – und zugehört. Besonders wenn die ehrenamtlichen Museumsführer den Kindern erzählen, wie „Stroh zu Gold“ gesponnen wird. Aber auch die Erwachsenen staunen, wenn sie hören, dass Flachs und Edelmetall tatsächlich miteinander zu tun haben, zum Beispiel, weil die Münzsäcke der Banken traditionell aus Leinen genäht sind.

Nicht ohne Grund lautet der wissenschaftliche Name der Pflanze Linum usitatissimum, zu Deutsch der „Nützlichste Lein“: Über Jahrtausende war er die wichtigste europäische Faserpflanze, die man für Kleidung, Bett- und Tischwäsche brauchte und aus der man Seile, Säcke und Segel fertigte. Die kürzeren Fasern, Werg genannt, dienten als Dichtmasse oder man stopfte sie als Polsterfüllung in die Matratzen. Selbst feinste strohige Abfälle wurden noch zum Feuermachen oder als Einstreu verwendet. Die Lein-

samen waren Lebens- und Heilmittel und lieferten die Grundstoffe für Farben, Fensterkitt und Linoleum.
Überall an der Schwalm, dem Maas-Nebenfluss im deutsch-niederländischen Grenzgebiet, klapperten die Wasserräder der Mühlen, die Öl aus den Leinsamen pressten. Außer vielen Redensarten tragen noch manche Dinge den Lein im Namen, auch wenn sie schon lange nicht mehr daraus bestehen: So blicken wir im Kino nach wie vor auf die Leinwand, und sowohl die Leine als auch die Linie gehen auf das lateinische Linum zurück. Wer die Dreimal-hundert-Regel beherzigte und am 10. April, dem hundertsten Tag des Jahres, gesät hatte, musste Ende Juli den Flachs vom Feld holen. Die Kinder der Grundschule Beeck wissen heute, dass die alten Regeln immer noch taugen. Denn seit einigen Jahren wird wieder Flachs angebaut in Beeck und die Schüler helfen tatkräftig mit. Auch bei der Ernte machen sie sich nützlich. Das braucht Kraft, denn der Flachs wird mitsamt den Wurzeln „gerauft“, da-

Nicht nur betrachten, sondern auch anziehen: Für Kinder gibt es im Beecker Trachtenmuseum Kindertrachten zum Ausprobieren.

Auch der Außenbereich wurde liebevoll gestaltet.

mit die Fasern ihre volle Länge behalten. Sämtliche Schritte vom Flachs zum Leinen werden auch im Museum gezeigt. Am liebsten sehen es die Mitarbeiter des Heimatvereins, wenn die Besucher selbst einmal „die Klappe aufreißen“ und dabei merken, wie anstrengend oder eintönig die Arbeit früher war.

Das Klappeaufreißen ist durchaus wörtlich gemeint: An der „Braak“, einem hölzernen Bock, muss die Brechlade weit geöffnet und mit Kraft nach unten geklappt werden, um die sperrigen Flachsstängel zu knicken und dann die hellen Fasern von den „Schäben“ zu trennen. Jeder darf sich im Hecheln versuchen oder einmal Garn aufwickeln, möglichst ohne sich dabei zu verhaspeln. Am Ende gibt es dann ein „Flachsdiplom“. Noch größere Aufmerksamkeit als mit ihrem Flachsmuseum erreichen die Beecker aber mit dem wiederbelebten Flachsmarkt. Immer am letzten Septemberwochenende ist ganz „Flasbeek“ auf den Beinen.

Keine 25 Jahre alt ist das Flachsmuseum und doch hat es bereits eine steile Karriere vorzuweisen. Nach einem fünfjährigen Provisorium in der ehemaligen Schmiede Mühlenbroich zog der Beecker Heimatverein 1988 mit seiner Sammlung um. Das neue Domizil ist eine 300 Jahre alte Zehntscheune, die mit Spenden, Zuschüs-

In großen Glasvitrinen werden die Trachten wirkungsvoll präsentiert.

sen und viel Eigenarbeit eingerichtet und umgebaut wurde.
Trotz viel altem Holz und Backstein haben die Beecker Sammlungen ein fortschrittliches Innenleben. Das Museumsamt des Landschaftsverbandes Rheinland bescheinigte ihnen hohe technische und didaktische Standards und adelte sie durch Aufnahme in seine offizielle „Liste rheinischer Museen". Von der räumlichen Aufteilung über die Beleuchtung bis zur Präsentation – alles ist anschaulich, ästhetisch und unverwechselbar. Das Geländer an der Treppe ins Obergeschoss etwa gibt es auf der ganzen Welt nur hier. An den liebevoll geschmiedeten Leinpflanzen zwischen den senkrechten Streben stimmt jedes Detail. Der Beecker Kunstschmied Siegfried Ollig machte das einmalige Werk dem Museum zum Geschenk, kurz bevor er starb.
Schon seit 1992 gab es Überlegungen, ob und wie man zusätzlich eine private Trachtensammlung ausstellen könnte. Das Thema bot zwar viele Berührungspunkte, aber unter demselben Dach war kein Platz. Doch als die Stadt Wegberg sich bereit erklärte, die Sammlung zu kaufen und als Dauerleihgabe zur Verfügung zu stellen, taten die Beecker einen mutigen Schritt: Mit Spenden, Zuschüssen und einem Kredit kauften sie das ehemalige Bürgermeisteramt und renovierten es. Wie Schaufenster eines großen Bekleidungsgeschäftes wirken heute die Vitrinen im Trachtenmuseum, wirkungsvoll arrangiert und zurückhaltend beschildert. Bunt und beliebig wirken die prächtigen Kleider nur auf den ersten Blick, doch alle erzählen eine Geschichte. Dass die Zahl der Knöpfe darüber Auskunft gibt, wie „betucht" der Träger ist, leuchtet rasch ein, aber woran ist zu sehen, ob sich jemand für die Kirche oder eine weltliche Feier eingekleidet hat, ob die Person ledig oder verheiratet, katholisch oder protestantisch ist? Am Halstuch des Mädchens aus Hindeloopen in Friesland soll man sogar ablesen können, ob die Trägerin schon einem jungen Mann ihr Herz versprochen hat oder noch ungebunden ist.

Das Museum ist in einer 300 Jahre alten Zehntscheune untergebracht.

Informationen

Flachsmuseum
Holtumer Straße 19a
41844 Wegberg-Beeck
Tel. 02434 / 92 76 15
Das Volkstrachtenmuseum befindet sich gegenüber am Kirchplatz 7.
www.flachsmuseum.de
www.volkstrachtenmuseum.de

Öffnungszeiten:
So 11–12 Uhr sowie
14.30–17 Uhr

Kinder

- Kindertrachten zum Anprobieren

www.nrw-entdecken.de

Die NRW-Stiftung unterstützte die Ausstellungseinrichtung im Flachsmuseum.

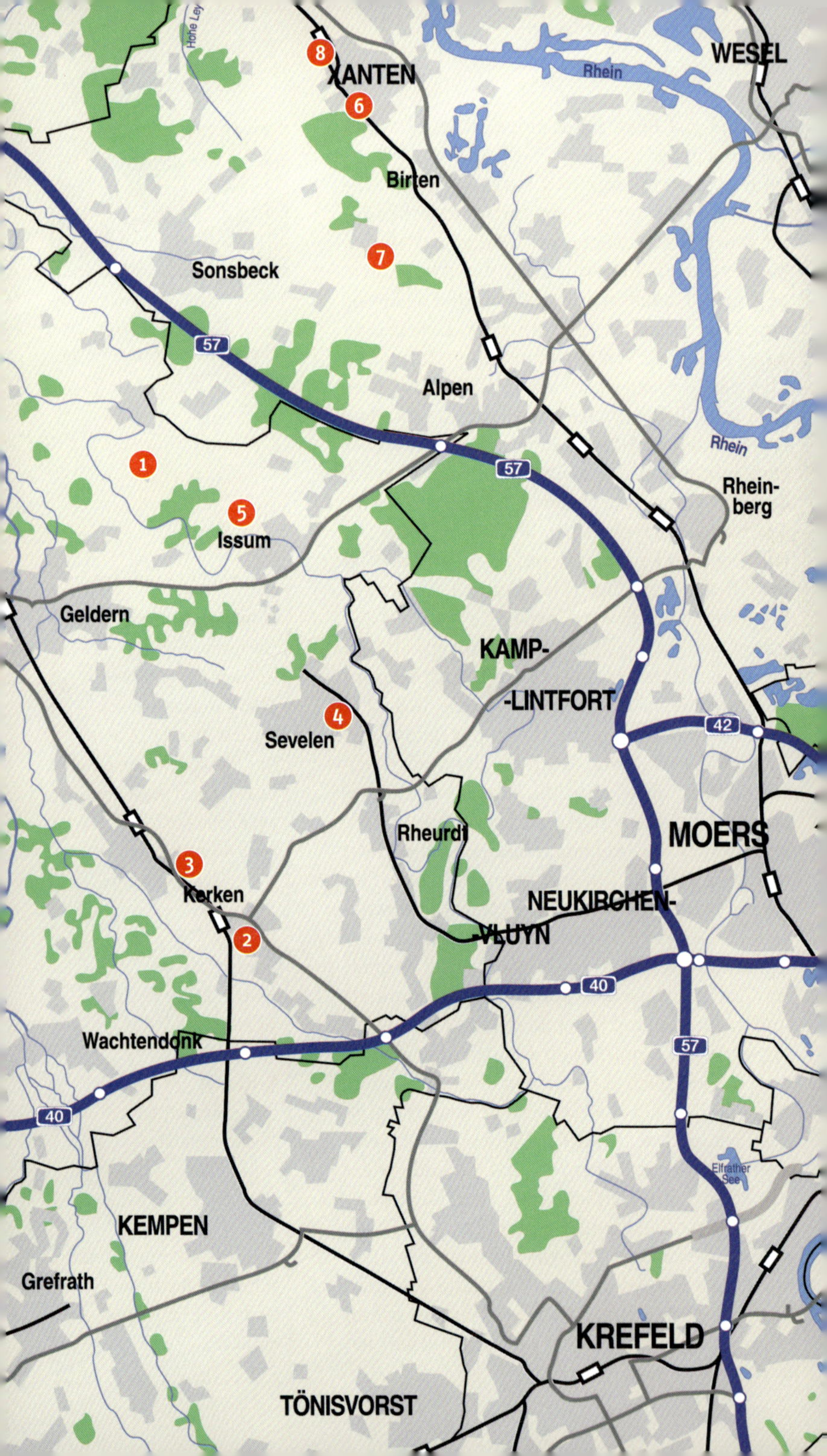

WESEL
Rhein
Hohe Ley
8
XANTEN
6
Birten
7
Sonsbeck
57
Alpen
Rhein
1
57
Rhein-
berg
5
Issum
Geldern
KAMP-
-LINTFORT
4
Sevelen
42
Rheurdt
MOERS
3
Kerken
NEUKIRCHEN-
-VLUYN
2
40
Wachtendonk
57
40
Elfrather
See
KEMPEN
Grefrath
KREFELD
TÖNISVORST

RUND UM GELDERN

SPARGEL, WINDMÜHLEN, ALTE RÖMER

Die Hauptstadt der niederländischen Provinz Gelderland heißt Arnheim und nicht Geldern. Dennoch ist die Namensähnlichkeit kein Zufall, denn das 33.000-Einwohner-Städtchen im Kreis Kleve war im Mittelalter Stammsitz der Grafen von Geldern, deren Herrschaftsgebiet sich bis weit in die heutigen Niederlande erstreckte. Geblieben ist von ihrer alten Herrlichkeit wenig: Die ursprüngliche Burg und die mittelalterliche Stadtbefestigung wurden in einem der vielen Kriege geschleift, lediglich das später erbaute Schloss Haag blieb in Teilen erhalten. Allerdings ist gerade rund um Geldern die nicht nur räumliche Nähe zu den Niederlanden deutlich sicht- und spürbar. Zu den zahlreichen Baudenkmälern gehören hier sechs Windmühlen. Und eine kurze Radtour von nur zwölf Kilometern Länge

Bild oben:
Zwischen dem Rheinstrom und Xanten liegt der Altrhein.

Xanten wurde zur Fundgrube für die Archäologen, weil die Colonia Ulpia Traiana nach dem Zusammenbruch des Römischen Reiches nicht überbaut wurde. Im Amphitheater finden heute regelmäßig Konzerte statt.

führt über die niederländische Grenze in den Nachbarort Arcen an der Maas, wo ein weiteres Schloss derer von Geldern besichtigt werden kann. Zum Schloss gehört ein sehenswerter Park, dessen Herzstück ein fein restaurierter Barock-Garten ist.

Die Region rund um Geldern war im Laufe der Jahrhunderte oft umkämpft, gehörte mal zu Preußen, eine Zeitlang waren Spanier und Österreicher Besatzungsmacht. Und bis ins fünfte Jahrhundert hielten die Römer von ihrer Garnison im heutigen Xanten aus die Gegend unter Kontrolle. Die Ruinen und der Archäologische Park mit zugehörigem Museum zählen zu den meistbesuchten Sehenswürdigkeiten des Landes. Xanten hat seinen Besuchern aber noch mehr zu bieten als antike Bäder und Tempel. Zwei Seen, für die sich die Bezeichnungen „die Nordsee" und „die Südsee" durchgesetzt haben, bieten mit Strandbädern, Sportboothäfen, Weißer Flotte und allen denkbaren Wassersportangeboten einen Kontrast zum sonstigen kulturellen Angebot.

Weitere Baudenkmäler in Xanten stehen im Schatten der römischen Hinterlassenschaften, was ein bisschen schade ist. So gibt es hier zum Beispiel die einzige historische Windmühle des Niederrheins, die immer noch täglich in Betrieb ist: die Kriemhildmühle. Das hier gebackene Brot wird weithin gerühmt. Unter den zahlreichen katholischen Kirchen der Stadt ragt die kleine St. Mariä Himmelfahrt im Stadtteil Marienbaum heraus: Seit dem frühen 15. Jahrhundert ist sie Wallfahrtskirche, bis 1802 war sie die Abteikirche des Birgittenklosters, danach Pfarrkirche. Und aus allen Epochen haben sich in dem Kirchlein Kunstschätze erhalten: Der Hochaltar und die Fresken aus dem 15. Jahrhundert sind sehenswert, und wer in der vorösterlichen Fastenzeit kommt, kann die großen Fastentücher bewundern, mit denen die Altäre bis zum Karsamstag verhüllt sind.

Immerhin 15.000 Pilger kommen jährlich nach Xanten-Marienbaum. Ins nahe Kevelaer freilich kommen genauso viele – pro Woche. Durch den Besuch von Papst Johannes Paul II. im Jahr 1987 nahmen die Besucherzahlen weiter zu und halten sich seither bei ungefähr einer Million pro Jahr. Das Ziel der Pilger- und Wallfahrten ist überraschend bescheiden: ein kleines, sechseckiges Kappellchen beherbergt das Gnadenbild der Jungfrau Maria. Eigentlich sind alle übrigen 200 Baudenkmäler Kevelaers deutlich größer, zum Beispiel die Marienbasilika oder die Kerzenkapelle. Doch auch wer ohne religiöse Motivation unterwegs ist, findet in Kevelaer gute Wege: Entlang des Flüsschens Niers gibt es einen Rad- und Wanderweg, den Naturfreunde sehr schätzen, der Maas-Zufluss selbst ist ein sehr gutes Paddelrevier.

Wer der Niers flussabwärts folgt, erreicht nach knapp 15 Kilometern Goch, seit 2005 ebenfalls Wallfahrtsort. Die meisten Gäste kommen jedoch wegen ganz weltlicher Freuden: Zu der 34.000-Einwohner-Stadt gehört das Dorf Kessel, das sich den Beinamen „Spargeldorf“ gab. Natürlich ist der komplette Niederrhein ein zu Recht gerühmtes Spargel-Anbaugebiet. In Kessel allerdings bereitet der Spargelgenuss besondere Freude. Das Örtchen gewann 2006 beim Landeswettbewerb „Unser Dorf hat Zukunft“ eine der begehrten Goldmedaillen. Und in der Tat sind die rund 2000 Dörfler kreativ und gastfreundlich und schafften es, Kessel während der letzten zehn Jahre zu einem Ferienort zu machen. Natürlich spielt die Lage eine Rolle: direkt am Reichswald und umgeben von Seen, die durch den Kiesabbau entstanden. Es gab aber auch Investitionen in eine Ferienhaussiedlung und Wellness-Einrichtungen wie das Freizeitbad „GochNess“. Vor allem aber strömen die Gäste während der Spargelzeit in die Läden der örtlichen Bauernhöfe, in die Gaststätten und zu den Festen auf dem Kaiser-Otto-Platz – Otto III. wurde vor über 1000 Jahren in dieser Gegend geboren – vielleicht sogar genau da, wo später das Dorf Kessel auf Grund und Boden des Klosters Graefenthal entstand.

Spargelparadies Goch: Das eingemeindete Dorf Kessel erhielt gar den Beinamen „Spargeldorf“.

1 NATURSCHUTZGEBIET FLEUTHKUHLEN

Für die Ziele des Biotop- und Artenschutzes hat die NRW-Stiftung in den vergangenen Jahren große Teile des Naturschutzgebietes erworben.

Mit seinen zehn Bartfäden sieht er zwar aus, als hätte er sich den Mund fransig geredet, doch der Schlammpeitzger ist genauso stumm wie jeder andere Fisch auch. Es sei denn, er ist gerade außerhalb des Wassers und lässt geräuschvoll Luft aus dem Enddarm entweichen. Dann versteht man auch, warum der schlanke Fisch in manchen Gegenden „Furzgrundel“ genannt wird. Zwar kann er aufgrund besonderer Anpassungen in Teichen und Gräben leben, die fast allen anderen Fischen zu klein und zu warm sind. Aber der Schlammpeitzger, ein Fisch aus der Familie der Schmerlen, ist selten geworden, in

NRW gar vom Aussterben bedroht, denn seine ursprünglichen Lebensräume, die Tümpel und Altarme der Flussauen, schüttete man fast überall zu. Ein Ort, wo er noch vorkommt, sind die „Fleuthkuhlen“, krautreiche Teiche und Gräben an der Issumer Fleuth.

Als ruhiges, windungsreiches Nebenflüsschen der Niers durchströmt die Issumer Fleuth die torfige, von Viehweiden geprägte Niederung. „Fleuth“ heißt Fluss, die Niederrheiner sprechen das Wort wie „Flöt“ aus. Die Aue ist nur ca. 100-150 m breit und wird von eiszeitlichen Geländekanten begrenzt, die stellenweise noch deutlich zu erkennen sind. Das träge Fließgewässer selbst bildet das Rückgrat des Schutz-

Das Naturschutzgebiet Fleuhtkuhlen bietet vielen gefährdeten Tier- und Pflanzenarten Rückzugsmöglichkeiten.

gebietes. Parallel zu ihm reihen sich hier etwa 50 „Kuhlen" aneinander, Vertiefungen, die die Bauern im 18. und 19. Jahrhundert beim Torfstechen hinterlassen haben und die sich bald mit Grundwasser füllten. Über ein System von Gräben stehen sie untereinander und mit dem Fluss in Verbindung.

Die angrenzenden Wiesen und Weiden werden heute düngerfrei bewirtschaftet. So lassen sich die empfindlichen Lebensräume gegen schädliche Einflüssse aus der Umgebung abschirmen. Neben offenen, von Röhricht gesäumten Gewässern findet man alle Stadien der Verlandung. Manche der alten Kuhlen liegen deshalb inzwischen unter einem Mantel dichter Weidengebüsche verborgen oder haben sich bereits zu Erlenbruchwäldern weiterentwickelt.

Zu den Bewohnern der Fleuthkuhlen gehören 29 Libellenarten, darunter die Spitzenfleck-Libelle, 75 Brutvogelarten inklusive Eisvogel und Wasserralle sowie zwölf Arten von Amphibien und Reptilien. Unter den Blütenpflanzen sind Seltenheiten wie Sumpfcalla, Zungen-Hahnenfuß und Binsen-Schneide. Der Name „Schneide" kommt übrigens nicht von ungefähr: Wie eine Laubsäge sehen die Blattrücken und -ränder der Röhrichtpflanze unter der Lupe aus – und wirken bei unachtsamer Berührung auch so.

Bis heute hat die NRW-Stiftung rund 150 Hektar der Sumpflandschaft gekauft, um die Lebensbedingungen für Tiere und Pflanzen zu verbessern. In der Praxis wird diese Arbeit von den Mitarbeiterinnen und Mitarbeitern des „Naturschutzzentrums Gelderland" des NABU-Kreisverbands Kleve geleistet. Im Jahr 2005 erhielt das Team vom Naturzentrum Gelderland den „WegWeiser", den Preis des Fördervereins NRW-Stiftung für ehrenamtliches Engagement.

Informationen
Naturschutzzentrum Gelderland
Kapellener Markt 2
47608 Geldern
Tel. 02838 / 96 544
www.nz-gelderland.de
Eine Broschüre mit Rad- und Wanderwegen um das Gebiet der Fleuthkuhlen ist hier erhältlich. Das 600 Hektar große Naturschutzgebiet Fleuthkuhlen liegt zwischen den Ortschaften Issum, Geldern und Kapellen. Parkmöglichkeiten bestehen in Kapellen, bei Schloss Haag, in Aengenesch und Geldern selbst.

Kinder
www.nrw-entdecken.de

Detailgetreu und liebevoll aufgearbeitet präsentiert sich das Fachwerkhaus in Aldekerk mit der Heimatstube – von außen wie von innen.

2 HEIMATSTUBE IN ALDEKERK

Das Fachwerkhaus in Aldekerk ist ein typisch niederrheinisches Fachwerkhaus aus dem 17. Jahrhundert. Das Innere des Hauses bietet Einblick in das bürgerliche Leben direkt nach dem Ende des Dreißigjährigen Krieges. Im Erdgeschoss findet man einen so genannten „Bussem": Diese doppelte Herdstelle nimmt einen Teil des Erdgeschosses ein.

Sein prächtiges Äußeres verdankt das Fachwerkhaus persönlichem Engagement: Auf Initiative eines Bürgers in Aldekerk wurde das beinahe zur Ruine verkommene Haus umfassend renoviert. In zahllosen Arbeitsstunden packten viele fleißige Hände mit an und halfen bei der Sanierung. Mit vereinten Kräften ist es gelungen, ein Denkmal zu erhalten und eine beliebte Stätte der Begegnung zu schaffen. Der Heimatverein Aldekerk hat in einem Teil des Hauses eine Heimatstube eingerichtet: Im Erdgeschoss des Hauses finden Vorträge, Mundartveranstaltungen, Ausstellungen und Kammerkonzerte statt. Ein kleines Museum im ersten Stock zeigt, wie das Leben und Arbeiten in Aldekerk früher ausgesehen hat. Eine komplette Handsetzerei, die Geräte eines Holzschuhmachers und ein Schustertisch zeigen typische Handwerksberufe aus der Vergangenheit des kleinen Dörfchens. Standesamtliche Trauungen finden hier einen würdigen Rahmen.

Informationen

Heimatstube Aldekerk
Hochstraße 70
47647 Kerken-Aldekerk
Tel. 02833 / 14 80 oder 72 85 oder 45 58
www.heimatverein-aldekerk.de

Öffnungszeiten:
So 10.30-12.30 Uhr oder nach telefonischer Vereinbarung

Die Restaurierung und Einrichtung des Heimathauses Aldekerk wurde von der NRW-Stiftung finanziell unterstützt.

■ **Informationen**
Haus Lawaczeck
Museum und Begegnungsstätte des Historischen Vereins für Geldern und Umgegend e.V.
Krefelder Straße 35
47647 Kerken-Nieukerk
Tel. 02831 / 39 11 11
www.hv-geldern.de/haus_lawaczeck/kontakt.html

Die Öffnungszeiten wechseln je nach Programm, das man im Internet finden kann. Für angemeldete Gruppen wird das Haus jederzeit geöffnet.

■ Die NRW-Stiftung half beim Umbau und der Einrichtung des Hauses Lawaczek als Museum und Begegnungsstätte.

3 HAUS LAWACZECK

Eine Wanduhr schlägt, der Tisch ist mit Porzellangeschirr und Silberbesteck gedeckt, ein abgerückter Lehnstuhl und eine Chaiselongue versprechen Entspannung für Körper und Geist. Hinter der altrosa Fassade der knapp zweihundert Jahre alten Appretur- und Stückfärberei Lawaczeck in Kerken schlägt ein Herz voller Geschichte: In dem zweistöckigen Gebäude wird die Wohnkultur der Gründerzeit ausgestellt.
Während in den Arbeitsräumen der Färberei, für die Besucher unsichtbar, noch immer täglich produziert wird, ist der Wohnbereich der Fabrik seit 2001 ein Museum der bürgerlichen Wohnkultur des 19. und beginnenden 20. Jahrhunderts und für Besucher zugänglich. Möbel aus der Gründerzeit und des frühen Jugendstils entführen die Gäste in eine „gute alte Zeit".
1820 wurde die Färberei als Traufenhaus in klassizistischer Form erbaut und in Betrieb genommen. Nach dem Tod der letzten Bewohnerin überließ die Erbengemeinschaft die Wohnräume des Gebäudes zur langfristigen und kostenfreien Nutzung dem „Historischen Verein für Geldern und Umgegend". Seit der Eröffnung des Museums und der Begegnungsstätte bewahrt und pflegt der 1851 gegründete Verein typisch niederrheinisches Kulturgut.

Die Küche in der Appretur- und Stückfärberei Lawaczeck.

Jugendstil und und Elemente der Gründerzeit prägen das Haus.

Bei einem Rundgang können Besucher in den Zimmern im Untergeschoss und im so genannten Frühstückzimmer im Obergeschoss authentische Möbel und Einrichtungs-Accessoires bestaunen. Da alle Exponate original und von der Vorbesitzerin übernommen worden sind, spiegelt sich in ihnen eine vollständige niederrheinische Hausstatt aus dem 19. Jahrhundert. Darüber hinaus bietet die obere Etage Platz für Ausstellungen, Diavorträge, Seminare, Tagungen und kleine Konzerte. Die übrigen Zimmer werden als Arbeitsräume für den Historischen Verein genutzt.

Wohnkultur und Kunst bestimmen jedoch nicht das ganze Programm: Das Gebäude ist wie das Haus Koekkoek in Kleve (s. S. 124), ein schönes Beispiel für klassizistische Architektur. Neben der Paramentenweberei Hubert Gotzes in Krefeld (s. Seite 72) ist die Appretur- und Stückfärberei ein weiteres Denkmal der rheinischen Textilindustrie. Eine neu entstehende Dauerausstellung im Haus Lawaczeck dokumentiert daher auch die Textilgeschichte am Niederrhein.

4 OERMTER BERG

Riesige Eisschollen wandern über das Land und tragen Gesteinsbrocken aus Skandinavien bis an den Niederrhein. In der Ferne ziehen, begleitet von Wolfsgeheul, wollhaarige Mammuts vorbei – eine Eiszeit-Szenerie, die in ihrer Konzeption auf den „Verein Freundes- und Förderkreis Volkspark Oermter Berg" in Issum zurückgeht. Ihm ist es auch zu verdanken, dass die „Naturkundliche Sammlung Niederrhein" heute in einer Ausstellung am Rande des Naherholungsgebiets Oermter Berg zu sehen ist.

Der Naturschutz steht im Mittelpunkt dieser Ausstellung. Ihre Besucher, zumeist Spaziergänger aus dem angrenzenden Erholungsgebiet, erfahren hier nicht nur, wie sich die Landschaft entwickelt und unter dem Einfluss des Menschen gewandelt hat. Sie sehen auch am konkreten Beispiel, was heute getan wird, um die wild lebende Tier- und Pflanzenwelt zu erhalten. „Wir müssen lernen, die Natur zu respektieren und ihr den nötigen Freiraum gewähren", lautet die zentrale Botschaft der Ausstellung. Bei der Realisation halfen das Naturschutzzentrum Gelderland des NABU Kleve, das Rheinische Museumsamt und weitere Institutionen mit fachli-

Die Natur, deren Wandel und Schutz – das sind die Themen der Naturkundlichen Sammlung Niederrhein.

chem Rat. Um die Vielfalt der niederrheinischen Tier- und Pflanzenwelt zu zeigen, wurde mit Liebe zum Detail jedes einzelne Blatt getrocknet, gebügelt, gefärbt und mit Draht wieder am Zweig befestigt. Schilf und Moos sehen so perfekt echt aus, als wären sie noch lebendig – wie die heimischen Fische, die in Aquarien ausgiebig beobachtet werden können.
In einem zweiten Raum präsentiert der NABU Kleve das benachbarte Naturschutzgebiet „Fleuthkuhlen". Der Besucher steht hier unvermittelt vor einer authentisch gestalteten Sumpflandschaft, kann Tierstimmen lauschen und erfährt, was der NABU unternimmt, damit diese einzigartige Landschaft, Zufluchtsort vieler seltener Pflanzen- und Tierarten, erhalten bleibt.

■ Informationen
Freundes- & Förderkreis
Volkspark Oermter Berg
Heller Weg 24
47661 Issum-Oermten
www.volkspark-oermter-berg.de
Tel. 02845 / 96 33 43

Öffnungszeiten:
Di-Fr 10-16 Uhr
Sa/So 10-17 Uhr
Gekennzeichnete Wanderwege und Radwanderwege führen von hier aus zu attraktiven Sehenswürdigkeiten in und um Issum.

■ Mithilfe der NRW-Stiftung konnten neue Ausstellungsräume für die „Naturkundliche Sammlung Niederrhein" eingerichtet werden.

SEHENSWERT

Dorfstube Wankum
Sie liegt nicht nur räumlich in der Mitte des Ortes, sondern bildet auch den geschichtlichen MIttelpunkt Wankums: die Dorfstube. In der einstigen Kaplanei am Martinsplatz 4 richtete sich der „Geschichtskreis Wankum" 2008 seine eigene „gute Stube" ein: Das Haus ist nun ein kleines Heimatmuseum mit Dorfarchiv und interessanten Ausstellungsstücken zur Wankumer Geschichte. Zugleich hat es sich zu einem wichtigen kulturellen Kommunikationszentrum entwickelt.

■ Informationen
www.geschichtskreis-wankum.de
Wankum/Touristik und Kultur
02836/91 55 65

5 HERRLICHKEITSMÜHLE ISSUM

In schwindelnder Höhe klettern im Herbst 2005 Monteure aus der Öffnung in der Mühlenhaube. Mit Hilfe eines ausfahrbaren Krans befestigen sie die meterlangen, schwarz-weißen Mühlenruten am Wellenkopf. Unten, am Fuß der eindrucksvollen Turmwindmühle, hat sich eine Traube von Zuschauern gebildet. Gebannt verfolgen sie, wie die Herrlichkeitsmühle in Issum ihre renovierten Flügel erhält. Nach 50 Jahren Stillstand drehen sich kurz darauf wieder die Flügel. Ob hier auch schon 1768, als das Wahrzeichen Issums gebaut wurde, Menschen erwartungsvoll in die Höhe blickten?

Im Inneren erweist sich die Herrlichkeitsmühle als voll funktionsfähig.

Der Mühlenbau war für die Einwohner, die in der „Herrlichkeit", also in dem Herrschaftsgebiet von Issum wohnten, allerdings nicht nur ein Grund zur Freude: Der regierende Graf von Borchgrave baute die hölzerne, mit Schindeln gedeckte Turmwindmühle nämlich als so genannte „Zwangsmühle". Das bedeutet, dass die Menschen per Gesetz dazu verpflichtet waren, nur hier ihr Korn mahlen zu lassen – und natürlich auch dementsprechende Abgaben zu leisten. Die Konstruktion der Mühle sorgte für einen reibungslosen Ablauf der Geschäfte: Sie steht auf einem Hügel, unter dem ein kleiner Tunnel hindurchführt. Früher lenkten die Kutscher ihre Fuhrwerke direkt unter die Mühle. Mit Hilfe einer Winde konnten Getreidesäcke in die Mühle hochgezogen und Mehlsäcke herabgelassen werden. Ohne Rangierarbeit fuhren die Bauern dann auf der anderen Seite des Durchgangs wieder hinaus.

Der komplizierte Name für dieses komplizierte Bauwerk ist „Achtkant Durchfahrtholländermühle". Der Mühlenturm mit seinen charakteristischen acht Kanten besitzt eine auf Rollen laufende Haube. Im Gegensatz zum älteren Typ der Bockwindmühle, bei der das ganze Mühlenhaus in den Wind gedreht werden musste, genügte hier die weit bequemere Drehung der Haube oder Kappe, um die Flügel optimal zu

Die Konstruktion der Mühle sorgte für einen reibungslosen Ablauf der Geschäfte: Sie steht auf einem Hügel, durch den ein Tunnel für die Fuhrwerke führt.

positionieren. Schon Leonardo da Vinci beschäftigte sich Anfang des 16. Jahrhunderts mit dieser Technik, wenn man ihn auch keineswegs – wie manchmal zu lesen – als ihren Erfinder bezeichnen kann. Denn schon Ende des 15. Jahrhunderts waren solche Kappenwindmühlen vereinzelt in Gebrauch. Sie vereinfachten im Übrigen nicht nur die Drehung der Flügel. Zugleich konnte auf diese Weise der feststehende Mühlenturm mit Getriebe, Mahlwerk und Vorratsräumen vergrößert werden.

Vor allem in den Niederlanden fand die Konstruktion im 16. und 17. Jahrhundert viele Nachahmer, der Mühlentyp trug fortan den Namen „Holländermühle".

1997 pachtete der „Förderverein Herrlichkeitsmühle Issum e.V." das denkmalgeschützte Gebäude und restaurierte es. Heute bietet der Verein Führungen durch die Mühle an und verkauft frisch gemahlenes Weizen- oder Dinkelvollkornmehl. Aus letzterem wird das „Original Issumer Mühlenbrot" hergestellt, das in Issum gekauft werden kann.

Informationen

Förderverein Herrlichkeitsmühle Issum e.V.
Wiesenweg 39
47661 Issum
Tel. 02835 / 44 50 60
www.herrlichkeitsmuehle.de

Öffnungszeiten:
April bis Oktober:
So 14-17 Uhr

Die NRW-Stiftung half bei der denkmalgerechten Instandsetzung der Herrlichkeitsmühle in Issum.

6 MUSEUM NIBELUNGEN(H)ORT

Wer das Nibelungenlied vortragen möchte, sollte sich ein wenig Zeit nehmen, umfasst das berühmte Heldenepos aus dem 13. Jahrhundert doch rund 2.400 Strophen. In seiner literarischen Bedeutung ist es mit Werken wie Homers Odyssee durchaus vergleichbar. Die drei wichtigsten Handschriften, in denen uns der mittelhochdeutsche Text erhalten ist, wurden von der UNESCO daher sogar zum „Weltdokumentenerbe“ erklärt. Der Held des Epos ist der drachenblutgestählte Siegfried von Xanten. Weil er sich den sagenhaften Schatz des verstorbenen Königs Nibelung zu verschaffen gewusst hat, ist er unermesslich reich. In Worms heiratet er die burgundische Königstochter Kriemhild und kehrt mit ihr zurück nach „Santen“. Diese altertümliche Form weist auf den ursprünglich lateinischen Ortsnamen von Xanten hin: „Ad Sanctos“ heißt so viel wie „bei den Heiligen“, finden sich in der Stadt doch berühmte Märtyrerreliquien.
Xanten ist ein Eldorado für Geschichtsliebhaber. In der Antike lag unweit des heutigen Stadtkerns die drittgrößte römische Stadt nördlich der Alpen, wovon der Archäologische Park und das Römer-Museum einen großartigen Eindruck vermitteln. Dom, Stiftsmuseum und Stiftsbib-

Informationen
Nibelungen(h)ort Xanten
Kurfürstenstraße 9
46509 Xanten
Tel. 02801 / 98 20 896
www.nibelungen-xanten.de

Öffnungszeiten:
täglich 10-18 Uhr

Kinder
- Workshops und Aktionen in den Ferien

Die NRW-Stiftung unterstützte die Einrichtung einer Dauerausstellung im Nibelungen(h)ort Xanten.

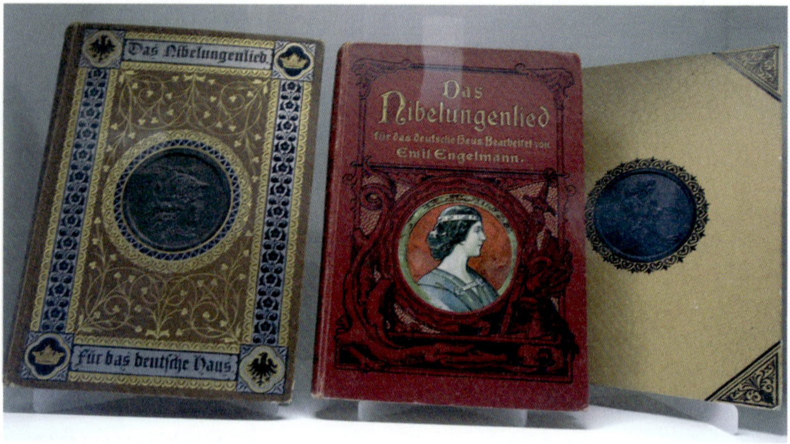

liothek bieten zudem mittelalterliche Sehenswürdigkeiten ersten Ranges.
Auch als „Siegfriedstadt" ist Xanten schon lange bekannt. Doch erst das im März 2010 eröffnete Museum „Nibelungen(h)ort" ermöglicht es, dem Helden in seiner Heimat nun auch direkt zu begegnen. Im historischen Ambiente des Mitteltors, des Meerturms und eines mittelalterlichen Wehrgangs erleben die Besucher spannende Objekte, Inszenierungen, Filme und Installationen.
Wahre Helden leben erst nach ihrem Tod so richtig auf. Siegfried wird im Nibelungenlied zwar schon mitten in der Handlung ermordet, für seinen Ruhm war dieses frühe Ende aber nur förderlich. Im 19. und 20. Jahrhundert wurde der prominenteste aller Xantener ähnlich wie der Germane Arminius, der einst die Römer besiegte, als deutscher Nationalheld stilisiert, oft auch missbraucht. Er erlebte zahlreiche Wiedergeburten – ob als Opernfigur, Romanheld oder als Filmstar.
Unter dem Motto „Jede Zeit braucht ihren Siegfried" legt das neue Museum die Spuren des Mythos überdies auch in der modernen Unterhaltung frei: So gab es Siegfried ähnelnde Helden etwa beim „Herrn der Ringe" und bei Star Wars – ja sogar der Zeichentrickhase Bugs Bunny spielt eine Rolle in der Ausstellung.

Hier steht alles ganz im Zeichen des berühmten Heldenepos: Das Museum Nibelungen in Xanten bietet im historischen Ambiente Einblicke in die Welt Siegfrieds, und das in Wort, Bild und Film.

7 HAUS DER VEENER GESCHICHTE

Das kleine Dorf Veen liegt umgeben von Feldern und Wiesen in der Nähe des Naturschutzgebietes Grenzdyck. Im Zentrum des Dorfs befindet sich unweit der spätmittelalterlichen Pfarrkirche das Veener Heimatmuseum, „Haus der Veener Geschichte", das in einem Klassenzimmer der ehemaligen Gemeinschaftsgrundschule und dem angrenzenden Gerätehaus der Feuerwehr untergebracht ist.

Die 2007 komplett überarbeitete Dauerausstellung beleuchtet bedeutende Abschnitte der Ortsgeschichte. In sieben Abteilungen wird dargestellt, wie sich das alte Veen mit seinen Bauernhöfen, Geschäften und Betrieben seit 1970 zu einem inzwischen ausschließlich als Wohnort genutzten Dorf entwickelt hat. Auf etwa 230 Quadratmetern werden zahlreiche Ausstellungsobjekte zum bäuerlichen Alltag und Handwerk der Zeit von 1880 bis 1950 präsentiert. Historische Bilddokumente ergänzen die Sammlung. Außerdem finden immer wieder zeitlich begrenzte Sonderausstellungen statt. Ausführliche zweisprachige Texte (in Deutsch und Niederländisch) liefern den Besuchern wissenswerte Informationen.

Doch auch die übrigen Sinne werden in diesem Museum angesprochen; und hier steckt die Liebe zur Veener Vergangenheit im Detail: In einer Hörstation kann man den Erzählungen von um 1930 in Veen geborenen Frauen und Männern lauschen, die sich an ihre Kindheit erinnern oder von Arbeits- und Berufsalltag erzählen. Überdies werden die Themen „Frauenleben" und „Der Zweite Weltkrieg" dargestellt. Eigens für das Museum wurde außerdem ein Film über die Lebens- und Liebesgeschichten vierer niederländisch-deutscher Ehepaare gedreht.

Seit 2007 sind das neu gestaltete Haus der Veener Geschichte sowie das niederländische Museum „De Locht – Regionalmuseum und Nationalmuseum für Spargel- und Champignonzucht" in Melderslo Partner.

Informationen
Haus der Veener Geschichte
Kirchstraße 16
46519 Alpen-Veen
Tel. 02802 / 91 22 10
www.hausderveenergeschichte.de

Öffnungszeiten:
So 10.30-12.30 Uhr

Die NRW-Stiftung half, eine neue Ausstellung im Haus der Veener Geschichte einzurichten.

8 STIFTSMUSEUM XANTEN

Der Xantener Dom war früher die Kirche des Chorherren-Stiftes St.Viktor, das 1802 aufgehoben wurde. Welch eindrucksvolle Überlieferung sich mit der tausendjährigen Geschichte der Chorherren in Xanten verbindet, kann man heute am besten im Stiftsmuseum erleben, das zusammen mit dem Stiftsarchiv und der Stiftsbibliothek nur wenige Schritte vom Dom entfernt liegt. Das Museum besitzt großartige Kostbarkeiten aus Gold, Silber oder Elfenbein, aber im Archiv und in der Bibliothek lagern nicht minder wertvolle Schätze. Das Archiv bewahrt über 5000 Urkunden auf, von denen einige noch aus dem 11. Jahrhundert stammen, die Bibliothek verfügt über rund 9.000 Bände, darunter 450 „Inkunabeln" – Bücher, die in den ersten fünf Jahrzehnten nach der Erfindung des Buchdrucks entstanden und die daher alle schon über 500 Jahre alt sind. Dazu zählt auch ein Exemplar der berühmten „Schedelschen Weltchronik" aus dem Jahr 1493. Es ist ein prachtvolles Werk mit über 1.800 Holzschnitten, von denen viele vermutlich vom jungen Albrecht Dürer stammen.

Vor dem Verfall gerettet und perfekt restauriert: die Schätze der Xantener Stifts-Bibliothek.

Zu einer bedeutenden historischen Bibliothek wie der Xantener gehören aber auch Bücher, die im Mittelalter mit der Hand geschrieben wurden. Diese in mühevoller Arbeit hergestellten Bände waren schon zur Zeit ihrer Entstehung kostbar, sogar so kostbar, dass manche von ihnen als sogenannte „libri catenati" mit eisernen Ketten an den Lesepulten fixiert wurden – eine fesselnde und zugleich „gefesselte" Lektüre. Leider lässt sich der Zahn der Zeit aber keine Ketten anlegen. Der Xantener Stiftsbibliothek setzte

Die NRW-Stiftung finanziert die Konservierung der Buchbestände der Stiftsbibliothek im Stiftsmuseum Xanten.

Informationen
StiftsMuseum Xanten
Kapitel 21
46509 Xanten
Tel. 02801 / 987 78 20
www.stiftsmuseum-xanten.de

Öffnungszeiten:
Di-Sa 10-17 Uhr
So/Fei 11-18 Uhr
Lesesaal für Stiftsarchiv und Stiftsbibliothek:
Mi & Fr 9-13 Uhr
Do 9-13 Uhr, 14-17 Uhr
Anmeldung unbedingt erforderlich, da Archiv und Bibliothek nicht frei zugänglich sind.

er stark zu. Wesentliche Teile der Bestände überstanden zwar den Zweiten Weltkrieg, waren jedoch 1943 ausquartiert worden. Bei der Zwischenlagerung erlitten die Bücher erhebliche Witterungs- und Wasserschäden. Über die Jahre drohten Schimmel- und Schädlingsbefall die bibliophilen Schätze zu zerstören.

Für die glückliche Rettung der Bücher sorgten schließlich der Förderverein Stiftsmuseum Xanten e.V. und die NRW-Stiftung: Auf ihre Initiative hin restaurierten niederländische Spezialisten fünf Jahren lang den Xantener Bestand. Blatt für Blatt reinigten sie die stark verschmutzten Bücher und besprühten sie mit einer Lösung, die den Mikroorganismen endgültig den Nährboden entzog. Experten der Spezialwerkstatt klebten lose Ledereinbände, sicherten ausgerissene Seiten und befestigten lockere Schließen. Außerdem verbrachten fast alle der 10.000 Bücher mit Leder- und Pergamenteinbänden acht Tage in der Kältekammer: Vier Tage bei minus

30 Grad, zwei Tage Auftauen, und noch einmal vier Tage bei eisigen Temperaturen sah das „Klimaschutz“-Programm vor.
Mittlerweile sind die Maßnahmen zur Rettung des Xantener Bücherschatzes abgeschlossen. Die ebenfalls renovierten Klostermauern beherbergen wieder den mittelalterlichen Schatz, nur Holzwürmer, Schimmelpilze und Mikroben gehören ein für alle Mal der Vergangenheit an.
Die Stiftsbibliothek ist dem Stiftsmuseum angeschlossen, dessen ständige Ausstellung sich in zehn Schauräume und einen Vortragssaal mit digitalen Präsentationsmedien gliedert. Der spannende Rundgang führt die Besucher durch die wechselvolle Historie des Xantener Stiftes, die sich in den beeindruckenden Exponaten widerspiegelt. Letztere stammen aus der Schatzkammer des St. Viktor-Doms, dem StiftsArchiv und der StiftsBibliothek und beleuchten die verschiedenen Facetten des Stiftslebens auf bemerkenswerte Weise.

SEHENSWERT

Forsthaus Hasenacker
Seit 1974 ist das Bildungs- und Freizeitwerk Herne e.V. Träger des „Forsthaus Hasenacker“, eines ehemals clevischen, danach preußischen Pachtgutes, das in landschaftlich reizvoller Umgebung im kleinen Ort Labbeck bei Sonsbeck liegt und von einem 30.000 qm großen, naturnahen Gelände mit Streuobstwiesen und Teichen umgeben ist.
Das Forsthaus Hasenacker wurde 1990 als Jugendbildungsstätte vom Land NRW anerkannt. Inhaltliche Schwerpunkte bilden das Gruppentraining sozialer Kompetenzen, die Natur- und Umweltpädagogik, die Menschheitsgeschichte und die allgemeine Jugendarbeit. Zielgruppen sind Schulklassen, Kinder und Jugendliche in offenen Seminaren sowie Multiplikatoren in der Jugendbildung. Die regelmäßigen Seminare werden in Modulform, also als Wochen-, Halbwochen-, Wochenendseminare sowie als komplette Seminarfreizeiten durchgeführt.

■ Informationen
Jugendbildungsstätte
Forsthaus Hasenacker
Dassendalerweg 71
47665 Sonsbeck
Tel. 02838 / 32 68
www.jubi-hasenacker.de

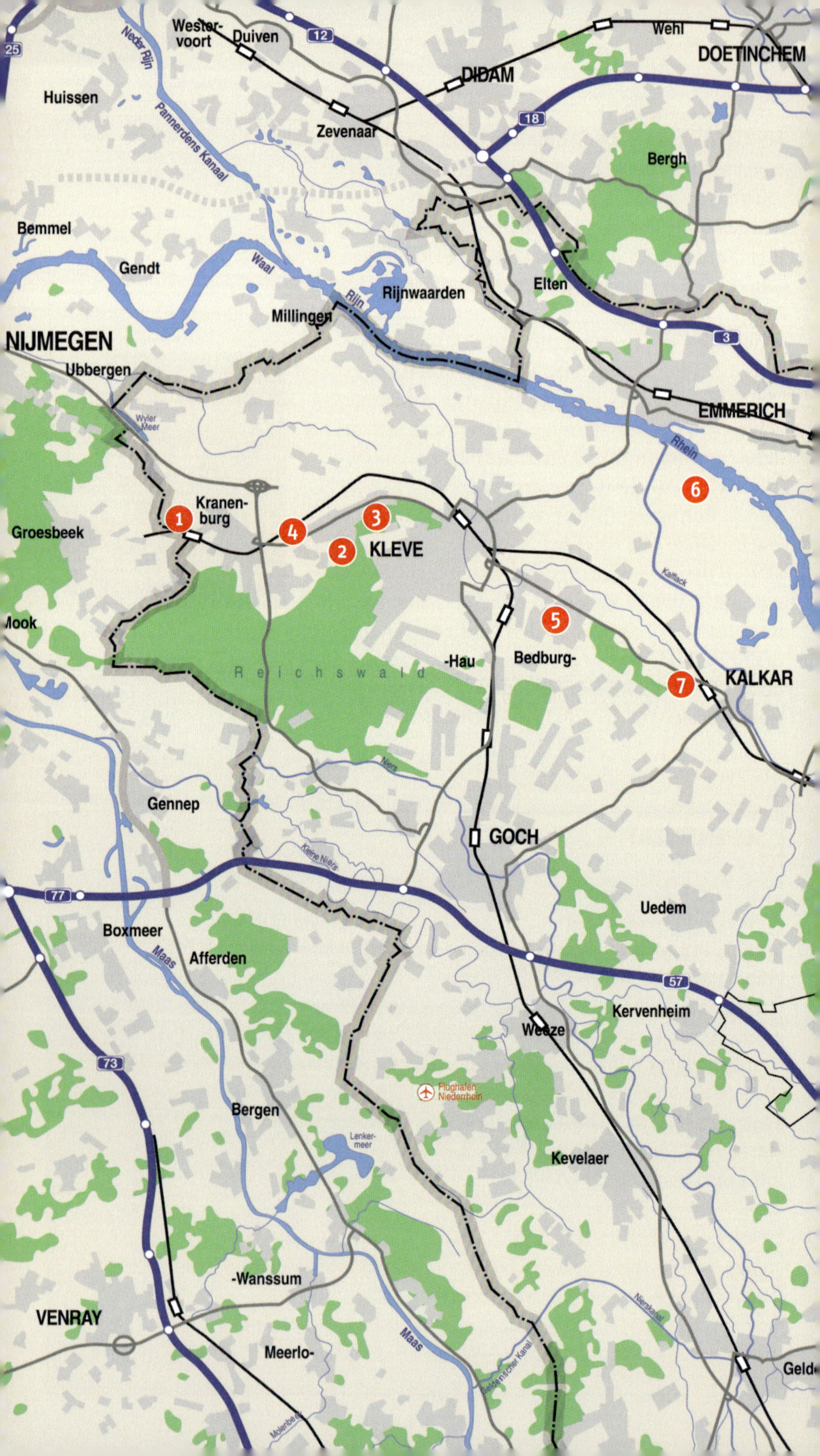
Wester-
voort
Duiven
12
Wehl
DOETINCHEM
25
Neder Rijn
Huissen
DIDAM
Pannerdens Kanaal
18
Zevenaar
Bergh
Bemmel
Gendt
Waal
Rijnwaarden
Elten
Rijn
Millingen
NIJMEGEN
3
Ubbergen
Wyler
Meer
EMMERICH
Rhein
6
Kranen-
burg
1
4
3
2
KLEVE
Groesbeek
Kalflack
5
-Hau
Bedburg-
Reichswald
KALKAR
7
Niers
Gennep
GOCH
Kleine Niers
77
Uedem
Boxmeer
Afferden
Maas
57
Kervenheim
Weeze
73
Flughafen
Niederrhein
Lenker-
meer
Bergen
Kevelaer
-Wanssum
VENRAY
Meerlo-
Maas

RUND UM KLEVE

EIN KLIFF, VIEL BEUYS UND EINE DRAISINE

Da ist die Fantasie wohl ein wenig mit Herzog Adolf durchgegangen: Dass der alte Schwanenturm zu Kleve von Julius Cäsar erbaut wurde, wie es der Edelmann in einer Inschrift am Eingang kundtun lässt, klingt zwar beeindruckend, ist aber leider nur eine Mär. Fest steht: Die Schwanenburg, deren Wurzeln „nur" ins 11. Jahrhundert zurückreichen, ist auch ohne jedwedes römisches Erbe das Wahrzeichen Kleves. Der trutzige Turm, den Herzog Adolf im 15. Jahrhundert erbauen ließ, nachdem der alte Donjon im Jahr 1439 eingestürzt war, prägt heute noch die Silhouette der Stadt und ist schon von weitem sichtbar. Die Burg, die im 17. Jahrhundert zum Barockschloss umgebaut wurde, liegt auf dem Ausläufer eines am Niederrhein eher selte-

Bild oben:
Von Kranenburg nach Kleve: per „Grenzland-Draisine" .

nen Höhenzuges. Diesem „Kliff" übrigens verdankt Kleve seinen Namen. Doch die Kreisstadt bietet mehr als schöne Fernsichten und geologische Extravaganzen: Kleves historische Gärten, das Museum Kurhaus Kleve mit seiner Sammlung zeitgenössischer Kunst von den fünfziger Jahren bis zur Gegenwart, die Stiftskirche aus dem 15. Jahrhundert oder die Fußgängerzone mit ihren vielen kleinen Geschäften qualifizieren Kleve als Ziel mindestens für einen Wochenend-Aufenthalt. Nur wenige Kilometer von Kleve entfernt liegt das Museum Schloss Moyland mit dem Beuys-Archiv und noch ein Stückchen weiter gilt es, eine weitere städtebauliche Perle zu entdecken: Der mittelalterliche Kern mit seinen typischen Treppengiebelhäusern, dem gotischen Rathaus und der großen Windmühle machen Kalkar zu einer der schönsten Städte am Niederrhein.

Die Schwanenburg in Kleve bei Nacht.

Eine der größten Attraktionen Kleves kann die Anreise sein – wenn sie denn über den Schienenweg erfolgt. Mit der Pedal-betriebenen „Grenzland-Draisine" rollt der Besucher auf stillgelegten Bahngleisen vom schönen, fast 800 Jahre alten Kranenburg mit seinem historischen Ortskern durch die typische Landschaft des Niederrheins nach Kleve. Damit kein Missverständnis aufkommt: Für die Fortbewegung mittels Pedalkraft müssen die „Eisenbahner" auf der zehn Kilometer langen Bahntrasse schon selber sorgen. Dafür aber entfällt das Lenken – man radelt schließlich nicht nur wie – sondern tatsächlich auf Schienen. Da bleibt genug Muße, die Landschaft links und rechts des Schotterbettes mit ihren Kopfweiden, Pappelalleen und endlosen Wiesenflächen zu genießen. Und da kein Fahrplan einzuhalten ist, empfiehlt sich hier und da ein kurzer Zwischenhalt: etwa an der „Alten Mühle Donsbrüggen", einer typischen Windmühle aus dem 19. Jahrhundert, in der ein Museum Technik und Geschichte des Müllerhandwerks dokumentiert. Der Name „Grenzland-Draisine“ kommt nicht von ungefähr. Die Niederlande sind greifbar nah und eine zweite, rund 5,5 Kilometer lange Strecke führt von Kranenburg über die grüne Grenze in das romantische Städtchen Groesbeek in der niederländischen Provinz Gelderland. Übrigens: Was da kurz hinter der Grenze am Wegesrand in Reih' und Glied wächst, ist tatsächlich das, wonach es aussieht. Um Groesbeek wird Wein angebaut. Mehrere Güter freuen sich auf unvoreingenommene Besucher, die die Vorzüge niederländischer Weinbaukunst bei Verköstigungen und Kellereibesichtigungen erkunden können.

„Die Welt ist voller Rätsel, für diese Rätsel aber ist der Mensch die Lösung.“
Joseph Beuys

Wer gerne in die Pedale tritt, muss hier am Niederrhein natürlich keineswegs eingleisig fahren, sondern kann von der Draisine problemlos aufs Rad umsatteln – es muss nicht mal das eigene sein. Zahlreiche Verleihstationen lassen kaum Ausflüchte für Bewegungsmuffel. Ein enges Wegenetz durchzieht die gesamte Region, wer dem Fluss folgen will, der dem Umland den Namen gab, radelt auf dem RheinRadWeg und genießt zwischendurch immer wieder die Ausblicke auf den großen Strom.

Knapp zehn Kilometer nordöstlich von Kleve schaut auch der „Poortekerl“ den vorbeifahrenden Schiffen nach. Die Bronzeskulptur an der Emmericher Rheinpromenade ist den Männern gewidmet, die früher hier die Schiffe be- und entluden. Ob seine Haltung Fernweh oder doch eher Erleichterung darüber zum Ausdruck bringt, dass die Plackerei ein Ende hat, muss jeder Besucher selbst entscheiden.

Dem „Poortekerl“ einen Moment lang über die Schulter zu schauen, lohnt sich allemal. Denn auch wenn der längst im Ruhestand ist, die Schiffe fahren immer noch. Rund 550 Kähne passieren Emmerich täglich – und unterqueren dabei auch das Wahrzeichen der Stadt. Die Rheinbrücke Emmerich ist mit einer Länge von über 800 Metern die längste Hängebrücke Deutschlands und trägt den Beinamen „Golden Gate vom Niederrhein“.

Ein majestätischer Anblick:
Wildgänse im Flug.

1 DE GELDERSE POORT

■ Informationen

Besucherzentrum
„De Gelderse Poort"
Bahnhofstraße 15
47559 Kranenburg
Tel. 02826 / 91 87 600
www.gelderse-poort.de
www.besucherzentrum-kranenburg.de

Öffnungszeiten:
Di-Fr 10-16 Uhr,
Sa/So/Fei 10-17 Uhr

■ Kinder

- Naturerlebniswanderungen und -tage

www.nrw-entdecken.de

Der Winter in Deutschland ist eisig, ungemütlich und kalt? Da sind Tausende von Wildgänsen ganz anderer Meinung. Sie legen jedes Jahr über 5000 km zurück, um sich am milden Niederrhein durch die Wintermonate zu fressen. Auf grünen Weiden ohne Frost fühlen sich die geflügelten Stammgäste aus Sibirien besonders wohl – eine einmalige Gelegenheit, die scheuen Tiere aus der Nähe zu beobachten.
Am Niederrhein rupfen die Wildgänse volkommen ungestört ihre tägliche Portion Grünzeug und legen sich ein Polster für den Rückflug an. Denn wenn sie sich zu häufig einen neuen, ruhigen Ort suchen müssen, verschwenden die Zugvögel wertvolle Nahrungsenergie.
Im ehemaligen Bahnhof von Kranenburg ist eine multimediale Ausstellung über das „Tor nach Geldern", so die deutsche Übersetzung von „De Gelderse Poort", untergebracht. Auf einer Großleinwand steuern die Besucher eine Wildgans wie bei einer Flugsimulation über die Niederrhein-Landschaft. Mit kräftigem Flügelschlag führt die virtuelle Reise über Äcker und Weiden, bis sie jäh im Sturzflug auf einem schilfgesäumten Rheinarm endet. Wem das zu rasant ist, der

Sehen, fühlen, riechen, ausprobieren: Die Natur der Gelderse Poort kann auf vielfache Weise erlebt und erfahren werden.

lauscht der wohlklingenden Stimme einer sprechenden Eiche. Sie erzählt aus ihrem Leben in der schönen Naturlandschaft zwischen Duisburg und Nimwegen, dem wunderbaren Gänseparadies am Niederrhein.

■ Die NRW-Stiftung unterstützte mehrere Veranstaltungen und Ausstellungen zum Schutz der Wildgänse am Niederrhein. Außerdem finanzierte sie eine neue Dauerausstellung.

SEHENSWERT

Mühlenturm Kranenburg

Der Kranenburger Mühlenturm ist heute im Besitz des Heimatvereins, der sich um die Baudenkmäler in der Gemeinde kümmert. Der Turm gilt als markantes Wahrzeichen des Ortes, auf seiner Spitze trägt er einen Kranich, das Wappentier der Gemeinde. Erbaut wurde er als Bestandteil der mittelalterlichen Stadtbefestigung, er diente in Doppelfunktion als Windmühle und im Verteidigungsfall auch als Wehrturm. Nachdem der Mühlenturm umfassend restauriert werden konnte, hat der Kranenburger Verein für Heimatschutz dort die Ausstellung „Geschichte im Turm" mit zahlreichen Exponaten zur Geschichte des Kranenburger Siedlungsraumes von der Ur- und Frühgeschichte bis zur Gegenwart eingerichtet. Thematisch ist die Ausstellung in die Bereiche „Frühes Leben in unserer Region", „Frühe Kulturen am Niederrhein", „Siedlung und Herrschaft", „Glaube und Kirche" und „Von der Windmühle zum Wahrzeichen" unterteilt.
Der Mühlenturm ist dem nahe gelegenen Museum Katharinenhof Kranenburg angeschlossen, einem ehemaligen Beginenkonvent von 1446, in dem Kunst vom Mittelalter bis zur Gegenwart zu sehen ist.

■ Informationen

Verein für Heimatschutz e.V. 1922 Kranenburg / Museum Katharinenhof mit Mühlenturm und Stadtscheune
Mühlenstraße 9, 47559 Kranenburg
www.museumkatharinenhof.de
Museum Katharinenhof
Öffnungszeiten
Di-So 14-17 Uhr
So zusätzlich 11-12 Uhr

„De natuur is de volmaakste schilderÿ.“ (Die Natur ist die vollkommenste Malerei.)
Maxime von Barend Cornelis Koekkoek, nachzulesen im Treppenhaus von Haus Koekkoek.

■ **Informationen**
Koekkoek-Haus
Kavarinerstr. 33
47533 Kleve
Tel. 02821 / 76 88 33
www.koekkoek-haus.de
www.kleve.de

Öffnungszeiten:
Di-Sa 14-17 Uhr
So/Fei 11-17 Uhr

■ Die NRW-Stiftung erwarb das Koekkoek-Haus in Kleve und übertrug es der Stiftung B. C. Koekoek-Haus, die es als Museum nutzt.

2 HAUS KOEKKOEK

Mehr als die Hälfte der Besucher im Klever Haus Koekkoek sind Niederländer – aber niemand liebt den vor 200 Jahren in Middelburg in den Niederlanden geborenen Malerfürsten Barend Cornelis Koekkoek wohl so wie die Klever selbst. In den letzten Jahren haben sie viel für sein Andenken getan. In der niederrheinischen Stadt ließ sich Barend Cornelis Koekkoek ein Palais errichten, das er 1848 mit seiner Familie bezog. Und niemals bewiesen die Klever deutlicher, wie sehr sie sich mit dem großen Bürger ihrer Stadt identifizieren, als Mitte der 1990er Jahre: Da nämlich wollte die Stadt das Gebäude, das inzwischen als Museum diente, aufgeben.
Eine Bank stand als neuer Hausbesitzer bereit – aber die Einwohner der idyllischen Kreisstadt ließen es nicht zu. Innerhalb kürzester Zeit brachte der „Freundeskreis Museum Kurhaus und Koekkoek-Haus Kleve e.V.“ in einer einmaligen Rettungsaktion genug Geld zusammen, um die klassizistische Villa als Künstlerhaus und Ausstellungsstätte zu erhalten. Fast 1.400 Personen gehören heute zum Freundeskreis, und sie bringen nicht nur erhebliche Mittel aus den eigenen Reihen und durch die Akquisition von Sponsoren auf. Die Mitglieder leisten auch ein hohes Maß an ehrenamtlicher Arbeit, um das Haus zu betreiben und zu unterhalten: Veröffentlichungen, Besucherservice und etliche Veranstaltungen organisiert der Verein selbst.
Die Mitglieder wissen, wofür sie sich einsetzen: Das Koekkoek-Haus gilt als eines der schönsten klassizistischen Baudenkmäler am Niederrhein und zugleich als eines der bedeutendsten Künstlerhäuser der Romantik. Es beherbergt eine Sammlung, deren Schwerpunkt auf dem 19. Jahrhundert, auf der Künstlerfamilie Koekkoek und ihrem Umfeld liegt. In der Dauerausstellung hängen wertvolle Leihgaben, so etwa zehn Werke aus den Beständen der staatlichen Kunstsammlung der Niederlande. Andere Stücke gehören dem Förderverein oder privaten

Leihgebern, die ihre Bilder gern in das Haus des Künstlers gaben.

Auf insgesamt drei Etagen gewinnt der Besucher einen Überblick über die romantische Landschaftsmalerei des 19. Jahrhunderts, für die Barend Cornelis Koekkoek mit prägend war. Dazu trug auch das „Zeichen-Collegium" bei, eine Art Kunstakademie in seinen Atelierräumen. Bilder von Koekkoeks Schülern und Malern, die ihm sehr verbunden waren, sind deshalb hier ebenso zu sehen wie die Gemälde des Meisters selbst.

Zudem zeigt das Koekkoek-Haus weitere Werke aus der Malerfamilie, so einige Ölbilder des Vaters Johannes Hermanus Koekkoek, der ein bekannter Marinemaler war. An den Ruhm des Sohnes reichte der seine aber wohl nicht heran.

Barend Cornelis fand mit seinen stimmungsvollen Landschafts-Darstellungen Anklang bei den

SEHENSWERT

Museum Kurhaus

Das Museum Kurhaus trägt seinen Namen wegen der ursprünglichen Funktion des Gebäudes, als Kleve zwischen 1742 und 1914 als „Bad Cleve" ein bei wohlhabenden Preußen und Niederländern beliebter Kurort war. Der klassizistische Bau befindet sich in unmittelbarer Nähe des Tiergartenwaldes und der Parkanlagen des Prinzen Moritz von Nassau-Siegen aus dem 17. Jahrhundert. Das Museum zeigt neben mittelalterlichen Skulpturen und Barockmalereien vor allem moderne Künstler und beherbergt u.a. den Nachlass des rheinischen Bildhauers und Malers Ewald Mataré, Werke des lange im Kreis Kleve ansässigen Joseph Beuys und die Sammlung Robert Angerhausen.

■ Informationen

Tiergartenstraße 41

47533 Kleve,

www.museumkurhaus.de

Viele Werke des Künstlers sind in der Villa ausgestellt.

Mächtigen in Europa: Selbst Könige reisten einst an den Niederrhein, um ihn hier zu treffen. 1843 ließ er auf einem der bestgelegenen Grundstücke in der Klever Innenstadt zunächst einen Atelierturm und dann das prächtige Wohnhaus für seine Familie errichten. Die überlebensgroße Statue der Pallas Athene, die einst das Turmdach zierte, ist heute noch als Gips-Replik im Haus zu sehen. Sie lässt erahnen, mit welchem Selbstbewusstsein sich der Maler selbst als Künstler inszenierte. Das klassizistische Ensemble zählt bis heute zu den schönsten Gebäuden der Stadt. Und es gehört zu den wenigen Gebäuden, die den Zweiten Weltkrieg so gut wie unversehrt überstanden. Der Atelierturm befindet sich heute in Privatbesitz; auch Teile des Gartens wurden verkauft. Das Haus Koekkoek jedoch gehört seit 1997 zur Stiftung B. C. Koekkoek-Haus, und es bietet deutschen wie niederländischen Gästen ein anspruchsvolles Museum für die Landschaftsmalerei des 19. Jahrhunderts.

Das Koekkoek-Palais konnte als Ausstellungsstätte erhalten werden.

3 KLEVER PERSPEKTIVEN

Im 17. Jahrhundert schuf Prinz Johann Moritz von Nassau rund um die Residenzstadt Kleve weiträumige Parks und Gärten mit eindrucksvollen Wasserspielen, lang gestreckten Alleen und grandiosen Sichtachsen. Dazu gehörte auch das sogenannte „Amphitheater" mit dem Prinz-Moritz-Kanal, das heute noch zu den bekanntesten Klever Sehenswürdigkeiten zählt. Doch von der tatsächlichen Ausdehnung des Gartenparadieses, die sich in der Landschaft manchmal nur noch erahnen lässt, hatten selbst die meisten Klever bislang kaum mehr einen Begriff. Zum Glück sorgt seit einigen Jahren der Arbeitskreis „Kermisdahl-Wetering" für neue Perspektiven – in der Landschaft und im Bewusstsein der Betrachter.

„Kermisdahl" nennt man den alten Rheinarm, der Kleve zusammen mit dem Flüsschen Wetering in einem Halbrund umfließt. Steht man auf dem Papenberg im Südosten der Stadt, so gleitet der Blick hinab auf die malerische Flussaue und über das „Freudental" hinweg – bis hin zur Klever Stadtsilhouette, die sich auf der gegen-

Besonderer Anziehungspunkt: das prachtvolle Grabmal des Prinzen Johann Moritz.

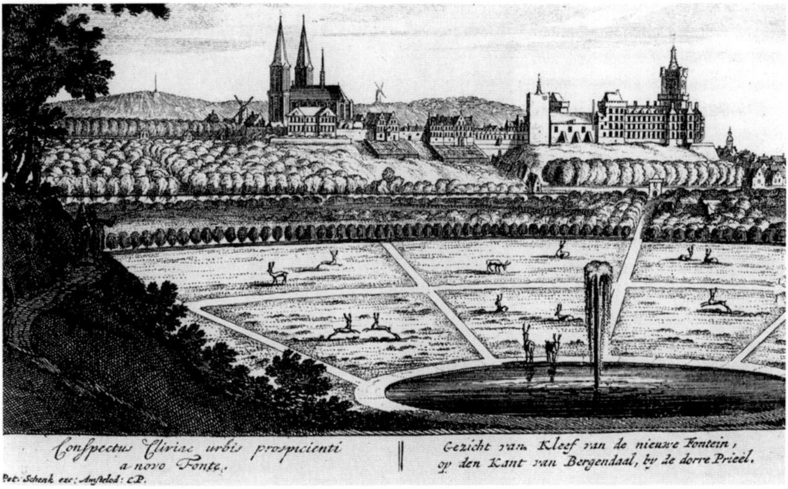

Der Blick vom Papenberg wurde auf diesem alten Stich festgehalten.

überliegenden Anhöhe eindrucksvoll abzeichnet. Wäre die niederrheinische Landschaft tatsächlich überall so flach, wie man ihr nachsagt, so gäbe es dieses reizvolle Bild gar nicht. Aber Kleve liegt in hügeliger Umgebung, und einer Geländekuppe – der „Clive“ bzw. dem „Kliff“, auf dem es seine Anfänge nahm – verdankt es auch seinen Namen.

Zu Lebzeiten von Johann Moritz von Nassau schoss am Fuße des Papenbergs eine künstliche Fontäne in die Höhe, davor schmückten fächerförmig angeordnete Wassergräben das Gelände, und eine Allee markierte die beeindruckende Sichtachse zur Stadt mit dem Turm der Schwanenburg als Fluchtpunkt. Das Barock liebte solche Blickachsen, die von einem „belle vue“ (einem schönen Aussichtspunkt) hin zu einem „point de vue“ (einem markanten Blickpunkt) verliefen. Johann Moritz ließ im Freudental sogar insgesamt drei solcher Alleen anlegen, von denen sich der heutige Name „Galleien“ für das Gebiet herleitet.

Kein Zweifel: Hier hat man es nicht mit einer gesichts- und geschichtslosen „Grünanlage“ zu tun, die Klever Anlagen gehörten vielmehr zu den Spitzenleistungen der europäischen Gar-

Bei einer Wanderung entlang des „Prinz-Moritz-Weges“ bieten sich immer wieder schöne Aussichten auf die Schwanenburg.

tenkultur. Verständlich, dass Johann Moritz in seiner Traumlandschaft auch seine letzte Ruhestätte haben wollte. Daher stößt man noch heute unweit des Papenbergs auf das Grabmal des Prinzen: ein großes Mauerhalbrund, das mit antiken Gefäßen und Steindenkmälern geschmückt ist, dahinter eine schwere, gusseiserne Tumba.

So imponierend diese Grabanlage auch ist, noch vor kurzem war es für den Betrachter praktisch nicht mehr möglich, den Zusammenhang zwischen ihr und der sie umgebenden Landschaft herzustellen. Nicht dass es in Kleve dazu an Expertenwissen gemangelt hätte. Erst 2005 wurde der Gartenhistoriker Wilhelm Diedenhofen unter anderem für seine zahlreichen Beiträge zur Klever Park- und Gartenkultur mit dem „Rheinlandtaler" geehrt. Doch Kultur – und erst recht Gartenkultur – ist nicht nur eine Frage der Wissensvermittlung, sondern vor allem auch des Erlebens.

Dafür aber bot die in Vergessenheit geratene Landschaft am Kermisdahl denkbar schlechte Voraussetzungen. Die so wichtigen Aussichtspunkte waren überwuchert oder verschwunden, Wege teilweise nicht mehr passierbar oder gar nicht mehr vorhanden. Ja, sogar der Kermisdahl selbst war so verschlammt, dass er völlig zu verlanden drohte. Sollte Kleve ausgerechnet seine großartigsten Perspektiven aus den Augen verlieren? Um an dieser Misere etwas zu ändern, stellte Gerlinde Semrau-Lensing 2003 den Bürgerantrag, eine neue Fußwegverbindung von Kleve zum Moritzgrab zu schaffen und eine alte wiederherzustellen. Schon im November 2003 gründete sich der „Arbeitskreis Kermisdahl-Wetering" mit dem Ziel, dieses Vorhaben in die Tat umzusetzen. Die Klever Forstverwaltung leistete dabei tatkräftige Unterstützung. Der vom Arbeitskreis erhoffte „Brückenschlag" hin zum Erbe von Johann Moritz wurde schließlich sogar höchst belastbare Realität – in Form einer Brücke über den Kermisdahl und die Wetering, die Karla Hartwig gestiftet hat.

Informationen
Die Galleien befinden sich südöstlich der Klever Schwanenburg. Empfehlenswert ist eine Tour vom Schloss Moyland durch die Galleien zum B.C.Koekkoek-Haus in der Klever Innenstadt. www.kermisdahl-wetering.de. Ein Faltblatt zum „Prinz-Moritz-Weg" und zum „Voltaire-Weg" gibt es bei der Tourist-Information Kleve, Tel. 02821 / 89 50 90, www.kleve-tourismus.de

Mithilfe der NRW-Stiftung konnten wesentliche Gestaltungselemente im historischen Landschaftspark Galleien wieder angelegt und Wanderwege mit Informationstafeln ausgestattet werden.

Der „Voltaire-Weg“ führt von Papenberg zum Schloss Moyland.

So entstand der dreieinhalb Kilometer lange „Prinz-Moritz-Weg“, auf dem man heute von der Klever Schwanenburg zu Fuß bis zum Papenberg wandern kann. Von hier geht die Strecke als „Voltaire-Weg“ noch sechseinhalb Kilometer weiter bis zum Schloss Moyland. In dem Schloss, in dem Friedrich der Große 1740 mit Voltaire zusammentraf, wird heute unter anderem die weltgrößte Sammlung von Joseph-Beuys-Werken gezeigt.
Doch um das Gartenreich des Prinzen Johann Moritz für die Menschen heute wieder erlebbar zu machen, braucht man nicht nur Wege, sondern auch Informationen. Daher wurde ein Besucherleitsystem entwickelt. Mit deutsch-englischen Beschilderungen schafft es im wahrsten Sinne des Wortes Orientierung – nicht nur darüber, wohin man die Füße, sondern auch, wohin man die Gedanken lenken sollte, wenn man im Gartentraum des Prinzen Johann Moritz unterwegs ist.
2010 erhielt der Klevische Verein für Kultur und Geschichte den „Wegweiser“, den Preis des Fördervereins NRW-Stiftung für ehrenamtliches Engagement.

4 ALTE MÜHLE DONSBRÜGGEN

Die großen Bleche sind randvoll mit dicken, goldgelben Brotlaiben. Deftiges Vollwert-Weizenbrot, knuspriges Rosinenbrot und frische Hefezöpfe verströmen einen köstlichen Duft. Die Alte Mühle in Donsbrüggen bei Kleve ist der Gegenentwurf zur Schnellbäckerei: Der Wind mahlt das Mehl, freiwillige Helfer kneten daraus einen Natursauerteig und formen die Laibe. Im Steinofen wird das Brot gebacken, und den Besuchern bleibt nur noch eins: essen und genießen.

Gerade für Kinder sind die speziellen Backveranstaltungen ein großer Spaß. Die Klever Mühlenbäcker zeigen ihnen, in welchen Schritten aus Getreidekörnern ein leckeres Vollkornbrot entsteht. Auch für Erwachsene ist es ein spannendes Erlebnis, sich die Funktionsweise einer Mühle genauer anzusehen. Denn in Donsbrüggen gibt es auch noch etwas Besonderes: Die Flügel der achteckigen Holländermühle sind „Bilausche Vertikantenflügel". Ihren Namen verdanken sie dem Fliegermajor Kurt Bilau, der Leichtmetallflügel nach dem Vorbild von Flugzeugtragflächen entwarf. Der Vorteil dabei ist, dass ein Spalt zwischen zwei Flügelflächen je nach Windstärke geschlossen und geöffnet werden kann.

Bilau hatte mit seinen neuen Entwicklungen die Bauweise der Windmühlen entscheidend beeinflusst. Mit seinem ausgefeilten Flügelsystem gelang es nämlich, die Energieverluste durch Strömungen zu verringern und so die Leistung zu steigern. Nach seinem Vorbild richteten sich andere Mühlenbauer noch bis zur Mitte des vergangenen Jahrhunderts. Doch seine Konstruktionen hatten auch Nachteile: Sie waren ziemlich schwer und außerdem teuer. In Deutschland gibt es nur noch zehn von einst 140 Mühlen mit

Informationen

Mühle Donsbrüggen
Heidestr. 5
47533 Kleve-Donsbrüggen
Tel. 02821 / 26 211
(nur während der Öffnungszeiten), www.muehle-donsbrueggen.de

Öffnungszeiten:
Di 15-17 Uhr
Sa 10-14 Uhr
Von November bis März ist Backpause.

Kinder

- Führungen zum Thema Müllerhandwerk
- Backen nach Voranmeldung

dieser speziellen Antriebstechnik und eine davon ist die Alte Mühle Donsbrüggen.
Auch das Mahlwerk der zwischen 1821 und 1824 errichteten Mühle ist ein echtes Original. Für eine fachgerechte Renovierung haben sich die Mitglieder des Förderkreises Mühlenmuseum eingesetzt. Bereits seit 1982 engagieren sie sich für „ihre" Mühle und erklären jährlich rund 6000 Besuchern, wie mit Hilfe von Windkraft und ausgefeilter Technik aus Getreide Mehl wird. Für den Laien ist es nämlich gar nicht so leicht, die Mechanismen aus Flügeln, Zahnrädern und Kolben zu verstehen. Wenn schließlich auf dem Mehlboden das frische Mahlgut über eine Schütte direkt in Säcke gefüllt wird, fühlt sich der Besucher in alte Zeiten versetzt. Und sobald aus der kleinen Backstube nebenan der Duft der handgefertigten Brote herüberweht, erscheint der Gedanke, jemals wieder Tiefkühlbackwaren und Aufbackbrötchen zu essen, ein bisschen abwegig.

■ Die NRW-Stiftung unterstützte die denkmalpflegerischen Instandhaltungsmaßnahmen bei der Mühle Donsbrüggen in Kleve.

5 SCHLOSS MOYLAND

Einst war das Wasserschloss Kulisse für das erste Treffen von Voltaire und Friedrich dem Großen. Heute ist das restaurierte Schloss Moyland mit den historischen Gärten eines der ambitioniertesten Museumsprojekte in NRW. In der Parkanlage des Anwesens können Besucher eine Mischung aus barocken, neugotischen und romantischen Einflüssen genießen. Diese ist das Resultat der architektonischen Veränderungen seit dem 17. Jahrhundert. Innerhalb und außerhalb der Schlossmauern verwöhnen umfangreiche Sammlungen moderner Kunst das Auge des Betrachters.

Die Kunstsammlung auf Schloss Moyland ist aus der privaten Sammelleidenschaft der Gebrüder Hans und Franz-Joseph van der Grinten entstanden. Das Besondere der Ausstellung ist die Art und Weise der Präsentation. Nach dem Vorbild der „Petersburger Hängung" in der Eremitage sind die Wände des Schlosses flächendeckend mit Kunstwerken bestückt. Insgesamt 65.000 Exponate der Malerei und Bildhauerei gehören zum Bestand des Museums, davon sind jedoch nur zehn Prozent in der Dauerausstellung zu bewundern. Besonderer Schwerpunkt der Sammlung ist das künstlerische Schaffen von Joseph Beuys. Mit mehr als 5.000 Werken von Beuys besitzt Schloss Moyland den weltweit größten Bestand. Das Joseph Beuys Archiv gehört zur Stiftung Museum Schloss Moyland und ist zugleich durch einen Kooperationsvertrag als Forschungsinstitut der Kunstakademie Düsseldorf angeschlossen. Es steht nicht nur Wissenschaftlern aus aller Welt zur Verfügung, sondern allen, die an Joseph Beuys und seinem Werk interessiert sind.

Doch bevor Schloss Moyland 1997 als Museum für moderne Kunst eröffnet werden konnte, war eine umfangreiche Restaurierung notwendig. Das langwierige Projekt startete 1987. Zu diesem Zeitpunkt begann der Förderverein „Museum Schloss Moyland e.V." als Initiator mit Entschut-

In Park und Schloss findet sich Kunst an beinahe jeder Ecke.

■ Die NRW-Stiftung half bei der Gestaltung der Historischen Park- und Gartenanlagen von Schloss Moyland und finanzierte eine Publikation über die Baugeschichte und Restaurierung des Schlosses.

Schloss Moyland mit seinen historischen Gärten ist eines **der ambitioniertesten Museumsprojekte** in Nordrhein-Westfalen.

Kultur, Natur und große Architektur: Schloss Moyland bietet vieles und lohnt immer einen Besuch.

Informationen

Stiftung Museum Schloss Moyland, Sammlung van der Grinten des Joseph Beuys Archives des Landes NRW,
Am Schloss 4,
47551 Bedburg-Hau,
Tel. 02824 / 95 10 60
www.moyland.de

Öffnungszeiten:
April bis September:
Di-Fr 11-18 Uhr
Sa/So 10-18 Uhr
Oktober bis März:
Di-So 11-17 Uhr

Kinder

- offene Kunstwerkstatt

tungs- und Sicherungsarbeiten. Über zehn Jahre dauerte die Instandsetzung des beim Einmarsch der Alliierten fast vollständig zerstörten Schlosses. Parallel zum Wiederaufbau des Schlosses wurde die Gartenlandschaft nach historischem Vorbild wiederhergestellt. Auch für diese Aufgabe holten die Initiatoren Fachleute ins Schloss: Die Gartenarchitekten Rose und Gustav Wörner nahmen das Projekt in die Hände. Mit Hilfe alter Pläne, historischer Fotos und Postkarten rekonstruierte das Ehepaar die Strukturen des im „gemischten Stil" angelegten Landschaftsgartens des 19. Jahrhunderts.
Pflanzenbestand, Laubengang, Rosengarten und das alte System aus Wegen und Graeften sind originalgetreu. Integriert in diese Gartenlandschaft sind moderne Skulpturen des 20. Jahrhunderts aus der Sammlung van der Grinten. Die plastischen Arbeiten bilden mit den Gartenpartien einen harmonischen Gesamteindruck.

6 HEIMATMUSEUM KALKAR-GRIETH

Der Rhein ist ein mächtiger Strom, wenn auch nicht 1.320 Kilometer lang, wie bisher meist zu lesen, sondern „nur" 1.230 Kilometer. Ein Zahlendreher, der sich schon vor Jahrzehnten in die Wissenschaft eingeschlichen hatte, wurde jüngst von einem Kölner Forscher korrigiert. Unbeirrt davon fließen die Wasser des Rheins weiter, vorbei an Städten und Dörfern, die mit dem Strom eng verbunden sind. Zu ihnen gehört auch der niederrheinische Ort Grieth. Dessen Heimatmuseum ist zwar mit dreißig Quadratmetern eines der kleinsten Museen in Nordrhein-Westfalen, aber es weiß trotzdem viel über den Rhein zu erzählen.

Grieth gehört seit 1969 zu Kalkar. Doch viele Jahrhunderte lang war es selbständig und besaß schon seit 1255 Stadtrechte. Spätestens 1472

Es sind die kleinen, aber feinen Ausstellungsstücke, die die liebevoll arrangierte Sammlung auszeichnen.

■ Informationen
Heimatmuseum Grieth,
Markt 26,
47546 Kalkar-Grieth
Tel. 02824 / 71 26
www.heimatmuseum-grieth.de

Öffnungszeiten:
So/Fei 14-17 Uhr
oder nach Vereinbarung
Gruppenführungen durch die Stadt und/oder das Museum nach vorheriger Anmeldung:
Tel. 02825 / 91 03 86
(ab 14.30 Uhr)

■ Die NRW-Stiftung half bei der Einrichtung des Heimatmuseums Grieth in Kalkar.

wurde es zudem Zollstätte und verfügte über Stapelrechte. Die auf dem Rhein vorbeifahrenden Kaufleute waren dadurch gezwungen, ihre Waren immer für eine gewisse Zeit in Grieth anzubieten. Ansonsten lebten die Menschen hier von der Korbflechterei, vom Fischfang und davon, Pferde vor Schiffe zu spannen. Denn als es noch keine Dampfmaschinen und Dieselmotoren gab, mussten kräftige Rösser die Schiffe an langen Leinen flussaufwärts schleppen, damit die Flussschifffahrt keine Einbahnstraße blieb. Die Pferde bewegten sich beim „Treideln“ auf den sogenannten Leinpfaden an den Ufern entlang.

Mit seiner Sammlung aus Korbflechterwerkzeugen, Fischereiutensilien, Netzen, Bildern, Modellen, Fotos, Karten und Urkunden lässt das Griether Heimatmuseum die lokale „Rheinkultur“ lebendig werden. Beim Gang über die schmucke Rheinpromenade oder durch den alten Ortskern fallen einem die Spuren der Geschichte danach viel klarer ins Auge – zum Beispiel die typischen Rundbogentore, hinter denen sich einst die Ställe der Treidelpferde befanden. Dass Grieth und der Rhein auch heute noch so eng zusammengehören, ist übrigens keine Selbstverständlichkeit. Im 18. Jahrhundert hatte der Strom seinen Lauf so stark verlagert, dass der kleine Ort per Schiff nicht mehr erreichbar war. Erst der 1819 in Angriff genommene Durchstich zum „Griether Kanal“ sollte das wieder ändern. Dafür kündete sich einige Jahrzehnte später das Aus für das alte Gewerbe der Treidler an, denn die ersten von Schaufelraddampfern gezogenen Schleppkähne läuteten eine neue Ära in der Flussschifffahrt ein.

Wer nach den vielen Informationen zum Fluss und zur Fischerei, die das Museum bietet, auf den Geschmack gekommen ist: In Grieth selbst, aber auch in Grietherort auf der anderen Rheinseite locken exzellente Fischrestaurants. Fußgänger und Radfahrer können von Palmsonntag bis Ende Oktober an Wochenenden und Feiertagen mit der Personenfähre „Inseltreue“ übersetzen.

ANNA DORDRECHT

7 STÄDTISCHES MUSEUM KALKAR

Kalkar tanzt ein bisschen aus Reihe der übrigen Städte am Niederrhein – jedenfalls was die Entstehungsgeschichte der Stadt angeht. Im Westen liegt der Stadtteil Altkalkar, auf dessen Gebiet schon im frühen Mittelalter gesiedelt wurde. Auf dem Stadtplan lassen sich noch leicht die runden Formen erkennen, die für einen organisch gewachsenen Ort typisch sind. Und in der Mitte? Steht die Kirche St. Pankratius. Einen kompletten Kreis bildet Altkalkar auf der Karte freilich nicht, die alte Gemeinde ist mit dem „neuen" Kalkar zusammengewachsen.
Dieses neue Kalkar wurde im Jahr 1230 vom Grafen Dietrich VI. von Kleve gegründet und von Anfang an planmäßig mit halbwegs geraden und rechtwinklig zueinander verlaufenden Straßen angelegt – auch dies ist heute noch auf dem Stadtplan zu erkennen. Die Form des neuen Ortes, der bereits zwölf Jahre nach seiner Gründung die Stadtrechte erhielt, folgt den natürlichen Gegebenheiten: Er liegt auf einer länglich-ovalen Sandbank, die der Rhein hier hinterließ. Heute fließt der Strom rund vier Kilometer östlich der Stadt, im Laufe der Jahrtausende verlegte er aber bekanntermaßen oft sein Bett. Jene Sandbank jedenfalls ließ sich leicht befestigen und verteidigen, und genau darum ging es dem Grafen. Kalkar wurde zu einer wichtigen Station auf bedeutenden Handelswegen in die Niederlande. Und die galt es zu schützen.
Dieser ungewöhnlichen und spannenden Historie können Besucher im Städtischen Museum Kalkars nachspüren, das in einem der vielen gut erhaltenen historischen Häuser untergebracht ist. Mit seinem markanten Stufengiebel ist es leicht als Handelshaus aus gotischer Zeit zu erkennen, von denen es rund um den Marktplatz noch weitere gibt. Beachtenswert am heutigen Museum ist aber, dass auch im Inneren viel von der historischen Bausubstanz erhalten blieb, die Raumaufteilung entspricht noch ganz der ursprünglichen Anlage: Deutlich zu erken-

Das Gebäude, in dem das städtische Museum untergebracht ist, ist mit seinem markanten Stufengiebel leicht als Handelshaus zu erkennen.

nen sind die Hangkammer (hängende Kammer), das Vorhuis (Halle) und die Binnenkammer (Innenraum).

Neben der Ausstellung zur Stadtgeschichte beherbergt das Museum außerdem eine Sammlung von Kunst des 19. und 20. Jahrhunderts, die seit den 1960er-Jahren stetig wächst. Zur Sammlung gehören unter anderem Werke von Heinrich Nauen, dem wohl bekanntesten Maler des Rheinischen Expressionismus'. Er stammte aus Krefeld, verbrachte aber seine letzten Jahre in Kalkar und wurde auch hier begraben. Auch die übrigen hier ausgestellten Künstler stehen zum größten Teil in enger Beziehung zum Niederrhein und zur Stadt Kalkar. So auch der Landschaftsmaler Max Clarenbach, der vor allem in den Jahren nach 1900 seinen Schaffensschwerpunkt rund um den großen Strom hatte. Weitere bekannte Namen der Sammlung sind Hermann Teuber und Alfred Sabisch. Der Verein der Freunde Kalkars richtet im Städtischen Museum auch Sonderausstellungen sowie andere kulturelle Veranstaltungen aus.

Informationen

Städtisches Museum Kalkar
Grabenstraße 66
47546 Kalkar
Tel. 02824 / 13 118
http://freunde-kalkars.de

Öffnungszeiten:
Di–So 10–13 und
14–17 Uhr

Die NRW-Stiftung erwarb ein Bild von Otto Pankok, das im städtischen Museum Kalkar ausgestellt ist.

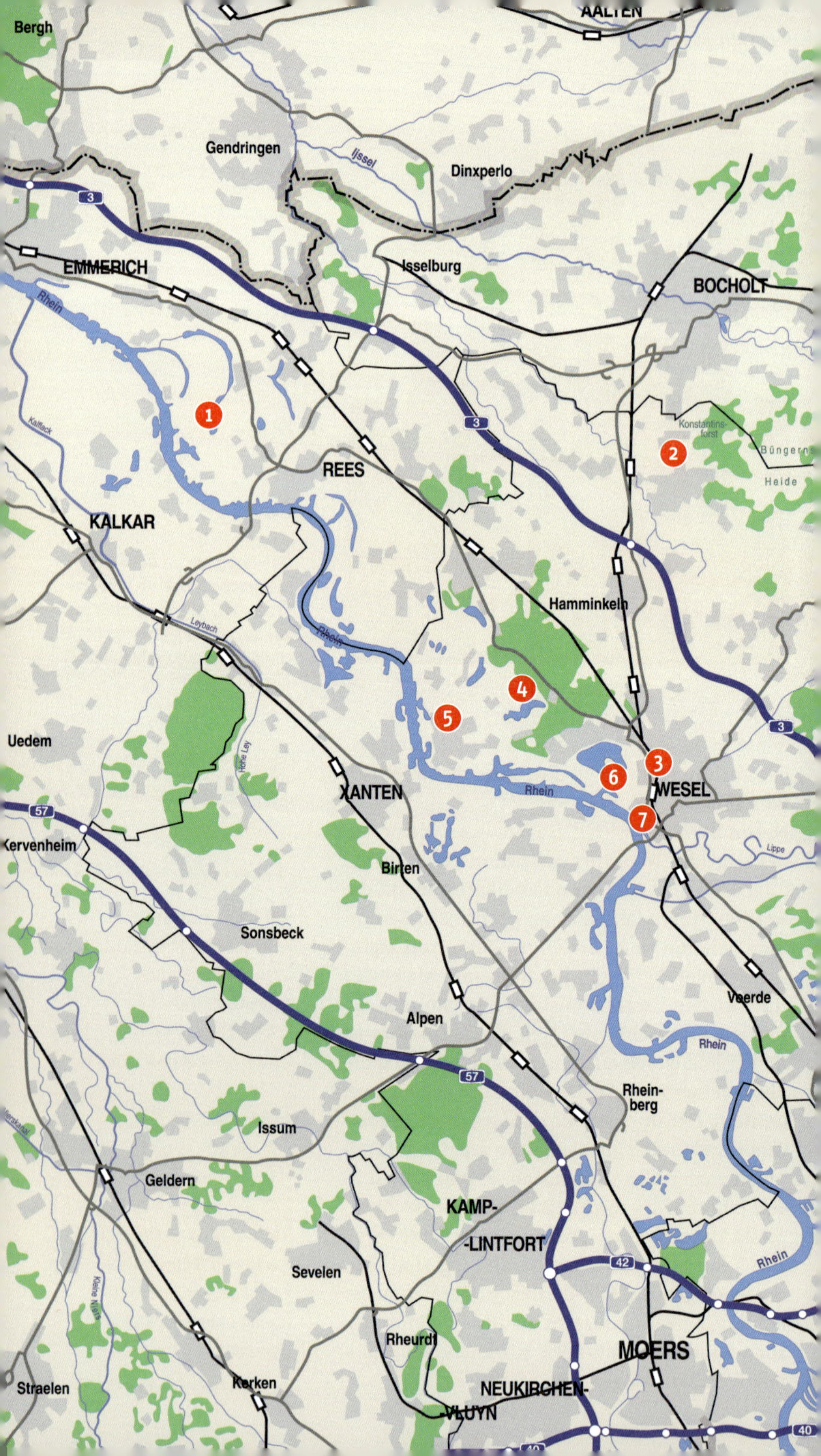

AALTEN
Bergh
Gendringen
Ijssel
Dinxperlo
3
EMMERICH
Isselburg
BOCHOLT
Rhein
1
Kalflack
Konstantins-
forst
2
Büngern
Heide
REES
KALKAR
Hamminkeln
Leybach
Rhein
4
5
Uedem
Hohe Ley
3
6
WESEL
XANTEN
Rhein
7
57
Kervenheim
Lippe
Birten
Sonsbeck
Voerde
Alpen
Rhein
57
Rhein-
berg
Issum
Geldern
KAMP-
-LINTFORT
42
Rhein
Sevelen
Kleine Niers
Rheurdt
MOERS
Straelen
Kerken
NEUKIRCHEN-
-VLUYN
40

RECHTS DES RHEINS

BUNTE ESEL, ALTE DOPPELDECKER

Den Namen des Bürgermeisters von Wesel kennt jedes Kind: Esel – behauptet zumindest das Echo. Stimmt natürlich nicht, dennoch ist der Esel der inoffizielle Werbeträger der Stadt. Esel waren die Bürger Wesels ohnehin nie. Im Gegenteil: Im Mittelalter entwickelte sich die Stadt durch ihre Lage am Ufer von Rhein und Lippe zum wichtigsten Warenumschlagplatz zwischen Köln und den Niederlanden, die erhobenen Zölle bildeten die Grundlage für den Wohlstand der Stadt. Noch heute zeugt etwa der mächtige Willibrordi-Dom am Marktplatz vom einstigen Reichtum Wesels. Der große Platz mit seinen gemütlichen Cafés, Kneipen und Restaurants ist das eigentliche Herz Wesels und zudem zentraler Ausgangspunkt für Erkundungstouren

Der Willibrordi-Dom.
Bild oben:
Das Berliner Tor in Wesel.

durch die Stadt und ihre Geschichte. Radlern und Wanderern wird es allerdings wohl schon nach der ersten Apfelschorle wieder in den Waden jucken – zu verführerisch ist das Angebot an Wegen rund um Wesel. Ein 75 Kilometer langes Wegenetz erschließt die unmittelbare Umgebung der Kreisstadt, zudem besteht Anschluss an mehrere regionale Radwege. So geht es auf dem RheinRadWeg flussabwärts ins benachbarte Rees. Die älteste Stadt am unteren Niederrhein ist wegen ihrer spätmittelalterlichen Befestigungsanlagen mit Stadtmauer und Wachtürmen, den unterirdischen Kasematten und der schönen Uferpromenade einen Besuch wert. Die Römer-Route hingegen beginnt in Xanten auf der linken Rheinseite und führt über Wesel ins 300 Kilometer entfernte Detmold. Wer auf den Spuren der Römer in Richtung Osten losradelt, verlässt den Rhein und folgt flussaufwärts dem Lauf der Lippe nach Hünxe und Schermbeck.

Während Vater Rhein bei Wesel längst majestätisch-würdevoll dahinfließt, ist die Lippe auch kurz vor ihrer Mündung noch kein breiter Fluss. Verspielt windet und schlängelt sie sich durch ihre Auen. Und wer vom Rad aufs Kanu umsteigt, wird beim Paddeln auf dem idyllischen Flüsschen kaum ahnen, dass das fröhlich glucksende Gewässer im 19. Jahrhundert durchgängig bis Lippstadt schiffbar war.

Das Treidlerdorf Krudenburg, das zu Hünxe gehört, erinnert an die Geschichte der Lippeschiff-

Der Battenbergturm in Rees-Haldern.

Rheinwoche: Segelboote vor der Stadt Rees.

fahrt. Hier gab es einen wichtigen Überwinterungshafen für die Kähne, die von Pferden vom Ufer aus über den Fluss gezogen wurden. Das Hafenbecken wurde längst zum Biotop umgewandelt – was den verträumten Charakter des Dorfes mit seinem historischen, unter Denkmalschutz stehenden Ortskern aber höchstens noch unterstreicht.

Hünxe bietet indes auch ideale Möglichkeiten, die Region aus einer ganz anderen Perspektive zu erkunden. Nämlich von oben: Vom kleinen Flugplatz „Schwarze Heide" aus startet ein russischer Antonov-Doppeldecker regelmäßig zu Rundflügen. Weltberühmt ist der ansonsten vornehmlich von Luftsportvereinen und Flugschulen genutzte Platz allerdings aus einem anderen Grund: Hier haben die Extra-Flugzeugwerke ihren Sitz, deren Kunstflug-Einsitzer zu den besten weltweit gehören. Auch Radler und Wanderer legen am Flugplatz „Schwarze Heide" gerne eine Zwischenlandung ein: Denn die angrenzende Kircheller Heide ist ein beliebtes Naherholungsgebiet mit 100 Kilometern markierter Rad- und Wanderwege. Da kommt das Erfrischungsangebot des Flughafen-Biergartens gerade recht.

Überhaupt: Natur hat die Region im Überfluss zu bieten. Hünxe mit seinen großen Waldflächen und sieben Naturschutzgebieten sowie auch das benachbarte Schermbeck liegen mitten im Naturpark Hohe Mark. Das über 1000 Quadratkilometer große Areal reicht von Wesel im Westen bis Olfen im Osten und von Bottrop/Oberhausen im Süden bis Rhede, Borken und Velen im Norden. Damit bildet das Gebiet, das von zahlreichen Wander- und Radwegen durchzogen ist, die grüne Grenzregion zwischen Niederrhein, Münsterland und Ruhrgebiet. Große Waldgebiete wie die Haard oder die Kirchheller Heide, zahlreiche Stau- und Baggerseen und Freizeiteinrichtungen wie etwa der Naturwildpark Granat mit seinem Wolfsgehege machen den Naturpark Hohe Mark zu einem beliebten Ausflugsziel für Familien.

SEHENSWERT

Der Esel-Pfad

Esel gibt es in Wesel tatsächlich so einige. Nicht im Büro des Bürgermeisters wohlgemerkt, sondern verteilt in der ganzen Stadt. 111 kunstvoll gestaltete, lebensgroße Langohren aus Kunststoff erinnern entlang des Esel-Pfades an den bekanntesten inoffiziellen Werbeträger Wesels. Die vierbeinigen Kunstwerke begegnen Besuchern überall. Sie stehen auf Dächern, in Toreinfahrten, auf Plätzen – und bilden einen frechen Kontrast zu den spätgotischen und barocken Bauwerken, die ansonsten das Bild der über 750 Jahre alten Hansestadt prägen.

■ Informationen
www.weselmarketing.de

Wildgänse überfliegen die niederrheinische Kulturlandschaft der Hetter

Die Uferschnepfe ist der „Charaktervogel“ des Naturschutzgebietes „Hetter“.

1 HETTER-MILLINGER BRUCH

„Überall ist Niederrhein“ – so griffig brachte Hanns Dieter Hüsch (1925–2005) seine Faszination für das Naturschutzgebiet Hetter zum Ausdruck. Die 2000 Jahre alte Kulturlandschaft zwischen Emmerich und Rees am Niederrhein ist eines der bedeutendsten Feuchtwiesengebiete Nordrhein-Westfalens. Hier, an der niederländischen Grenze, haben viele seltene Tier- und Pflanzenarten ein geschützes Rückzugsgebiet gefunden.

In der Hetter leben knapp 50 Brutvogelarten, von denen 18 in der Roten Liste Nordrhein-Westfalens geführt werden, beispielsweise Rotschenkel, Bekassine, Wachtelkönig und die Uferschnepfe. Zu den dort ansässigen bedrohten Arten zählen außerdem Steinkauz, Knäkente, Baumfalke, Rebhuhn, Dorngrasmücke und Wiesenpieper.

Die Uferschnepfe ist der „Charaktervogel“ der Hetter: Von Anfang April bis Ende Mai brütet sie in der ehemaligen Flussniederung und versteckt ihre Nester meist im hohen Gras. Sobald die Jungen geschlüpft sind, zieht sie mit ihnen durch die Wiesen und Weiden, bis sie nach sechs bis sieben Wochen die Hetter verlassen, um an der westeuropäischen Küste, am Mittelmeer oder in Afrika zu überwintern. Mit ihrem langen Schnabel und den langen Beinen ist die Uferschnepfe hervorragend an die Bedingungen in den niederrheinischen Feuchtwiesen angepasst. Ihre Nahrung – Würmer, Insekten und anderes Kleingetier – zieht sie damit wie mit einer Pinzette aus dem weichen Boden. Obwohl heute nur noch rund 50 Paare dieser Art in der Hetter leben, ist das Feuchtgebiet auch wegen dieses Uferschnepfen-Bestandes ein Schutzgebiet von internationaler Bedeutung.

Besonderes Augenmerk verdienen zudem die Brennhahnenfuß-Nassweiden und die Sumpfdotterblumen-Feuchtwiesen, die in diesem Erhaltungszustand einmalig für den Unteren Niederrhein sind. Der Wasserhaushalt der Hetter wird vom Rhein bestimmt: Bei Hochwasser kön-

Informationen

Das Naturschutzgebiet „Hetter“ liegt zwischen Emmerich und Rees an der niederländischen Grenze.

NABU-Naturschutzstation e. V. Bahnhofstraße 15, 47559 Kranenburg, Tel. 02826 / 92 094 www.NABU-Naturschutzstation.de

Die NRW-Stiftung hat im „Großen Hetterbogen“ Grundstücke für Zwecke des Naturschutzes erworben.

nen sich ausgedehnte Überflutungstümpel, so genannte „Blänken“, bilden. Diese Flachwasserzonen und Tümpel sind sehr attraktiv für rastende und überwinternde Zugvogelarten und Watvogelarten der Feucht- und Nasswiesen. Während im Frühjahr die Brutvögel ihre Reviere besetzen, brüten und Junge aufziehen, bieten die Wiesen und Weiden im Winter einen Rast- und Äsungsplatz für sibirische Gänse.

Von 1992 bis zu seinem Tod im Jahr 2005 war Hanns Dieter Hüsch Pate dieses Naturschutzgebiets. Mit Matinee-Veranstaltungen und eigenem Benefiz-Buch hat Hüsch insgesamt rund 160.000 Euro für das Naturschutzgebiet Hetter gesammelt. Er selbst erklärte: „Ich weiß nicht, ob ich ein guter Pate bin. Ich bin auch kein Wissenschaftler, Biologe oder Ökologe. Merkwürdig war aber, dass ich mich sofort mit dem Gedanken anfreunden konnte, auf meine Art etwas für diese 2.000 Jahre alte bäuerliche Kulturlandschaft, die Hetter, zu tun.“

Das Naturschutzgebiet Hetter ist eines der bedeutendsten Feuchtwiesengebiete Nordrhein-Westfalens.

Der Kabarettist Hanns-Dieter Hüsch (1925–2005) übernahm 1992 eine Patenschaft für das Naturschutzgebiet Hetter.

2 DINGDENER HEIDE

Wer hat sich nicht schon einmal gefragt, wie die Landschaft vor einigen Jahrhunderten ausgesehen hat? War die Natur damals wild und unberührt, floss der Bach in seinem natürlichen Bett und wie und wovon lebten die Menschen früher? Antworten auf diese Fragen gibt das Projekt „Dingdener Heide – Zeitreise in die Geschichte einer alten Kulturlandschaft“. Auf einem Rundwanderweg durch das Naturschutzgebiet zwischen Bocholt und Wesel erleben Besucher die Entwicklung dieses Gebietes in seinen wesentlichen historischen Zeitstufen – vom Mittelalter bis heute.

Bereits vor Jahrhunderten haben Menschen in der Dingdener Heide gelebt und ihre Zeugnisse hinterlassen: Eschfluren, Bleicherden und andere Bodenspuren, alte Wegsysteme, Grenzwälle und Flurnamen erzählen die Geschichte der Gegend. Um die wichtigsten Epochen der Landschaftsgeschichte der letzten 650 Jahre anschaulich zu machen, ist ein Teilbereich der Umgebung in fünf Zeitzonen eingeteilt. Auf dem sechs Kilometer langen Rundwanderweg erklären fünf verschiedene Stationen und Zeitfenster die Besonderheiten der Dingdener Heide und ihrer Geschichte. In jeder Zone rekonstruieren die Mitarbeiter des Naturschutzzentrums Wesel, wie die Landschaft zu einer bestimmten Zeit ausgesehen hat und wie die Menschen die Flächen genutzt haben. Damit eine authentische Rekonstruktion der Landschaft möglich ist, sammeln die Naturschützer entsprechende Fakten. An den Spuren im Erdboden erkennen die Helfer, was die Bauern angepflanzt und wie sie ihre Felder bearbeitet haben. Alte Grenzmarken verdeutlichen, wie sich die Besitzverhältnisse der Nutzflächen gewandelt haben. Darüber hinaus ergänzen Informationen und Material aus dem Selm-Selmschen Archiv in Dingden die Beobachtungen.

Die erste Zeitzone führt die Besucher in das Spätmittelalter. Damals waren Laubwälder schon sel-

Informationen

Besucher erreichen die Dingdener Heide mit dem Auto über die A 3, Abfahrt Hamminkeln, dann weiter über die B 473 bis nach Dingden oder von Borken aus über die B 67.

Rundwanderweg: In Dingden, Kreisverkehr Richtung Akademie Klausenhof, dort auf der Klausenhofstraße etwa 1,5 Kilometer geradeaus.

Kinder

www.nrw-entdecken.de

Das Projekt „Dingdener Heide - Geschichte einer Kulturlandschaft“ ist ein Gemeinschaftsprojekt der NRW-Stiftung, des NABU NRW und des Landes Nordrhein-Westfalen.

ten, und an vielen Stellen breiteten sich bereits Buschwerk oder Zwergstrauchheiden aus. Diese Entwicklung setzte sich in der frühen Neuzeit fort. Die Waldflächen schrumpften und die Weideflächen für die Nutztiere wurden vergrößert. Dadurch entstanden bis weit ins 18. Jahrhundert große Heideflächen. Der Begriff Heide bezeichnete dabei keine bestimmte Vegetationsform, sondern eine Flur, die nicht beackert, sondern nur noch mit Schafen beweidet werden konnte. Weil im Laufe der Jahrhunderte der Wald zunehmend zerstört worden war, verheidete das Land. Um Holz zu gewinnen, pflanzten die Menschen im 19. Jahrhundert Nadelbäume an. In der dritten Zeitzone wandern die Besucher daher durch Kiefernforste. Die nächste Entwicklungsstufe setzte nach dem Ersten Weltkrieg ein. Die Landwirte setzten damals auf eine intensive

„Natürliche Zeitfenster“ zeigen, wie der Einfluss der Menschen die Landschaft verändert hat.

Viehwirtschaft. Daher prägten Viehweiden und Heuwiesen das Gesicht der Dingdener Heide. In der Gegenwart, verdeutlicht in der fünften Zeitzone, ist von den riesigen Heideflächen aus dem 19. Jahrhundert bis auf einen winzigen Rest so gut wie nichts mehr übrig. Weil die Landwirte seit den 1960er-Jahren die Viehhaltung weiter intensivierten, stieg der Bedarf an energiereichen Futtermitteln. Um die große Nachfrage zu stillen, brachen die Bauern immer mehr Grünland um und bestellten diese Flächen mit Mais. Bis heute setzt sich dieser Trend fort.

Die Zeitreise durch die Dingdener Heide verdeutlicht, wie und warum sich das Landschaftsbild immer wieder gewandelt hat: Aus der Heide wurde Wald, Wald wurde wieder zu Weide und Wiesen wurden zu Ackerland. Der Rundwanderweg bietet eine Möglichkeit, die wechselvolle Geschichte der Dingdener Heide kennen zu lernen. Das Projekt ist außerdem ein Beleg für die Be-

Die Zeitzone 2 dokumentiert den Zustand der Dingdener Heide zwischen 1540 und 1843.

Die Aussichtsplattform bietet einen Blick in das Heidegebiet.

strebungen, Natur und Kultur gemeinsam zu denken und die Landschaft als eine von Menschen gestaltete Kulturlandschaft zu verstehen. Als Alternative zum sechs Kilometer langen Rundwanderweg wurde ein kleinerer Pfad durch die Dingdener Heide eröffnet. Trotz kürzerer Wanderstrecke führt auch er an allen fünf Zeitfenstern vorbei und eignet sich damit besonders gut für Kinder.
Das Projekt „Dingdener Heide – Geschichte einer Kulturlandschaft" ist ein Gemeinschaftsprojekt der NRW-Stiftung, des NABU Landesverbandes NRW und des Landes Nordrhein-Westfalen. Der Kabarettist Wendelin Haverkamp ist seit 1994 Pate der NRW-Stiftung für die Dingdener Heide.

Informationen

Biologische Station im Kreis Wesel e.V.
Tel. 0281 / 96 25 20
www.dingdenerheide.de

Eine neue, etwa fünf Meter hohe Aussichtskanzel für Wanderer und Vogelfreunde liegt etwas abseits der Straße „Zum Venn" in Hamminkeln hinter einigen Bäumen.
Weitere Informationen über das Projekt gibt die Broschüre „Dingdener Heide – Eine Zeitreise in die Geschichte einer alten Kulturlandschaft".
www.nrw-stiftung.de/info-material

3 NATURSCHUTZGEBIET LIPPEAUE

Schwarzkehlchen, Feldschwirl, Pirol, Trauerschnäpper, Goldammer – über 90 Vogelarten leben in den Lippeauen im Kreis Wesel. Auch seltene Amphibien wie die Knoblauchkröte und der Bergmolch sind in dem „Garten Eden“ aus Tümpeln, eiszeitlichen Dünen und Altarmen der Lippe zu Hause. Besucher des Naturschutzgebiets zwischen Hünxe und Schermbeck können mit Geduld und Fernglas diese Artenvielfalt beobachten.

„Die Lippeaue ist in ihrer Gesamtheit eine der wichtigsten nordrhein-westfälischen Biotop-Verbundachsen“, begründet Wilhelm Itjeshorst, Mitarbeiter der Biologischen Station Wesel, das Engagement für die Landschaft rund um den Fluss. „Naturnahe Flussauen sind Kinderstube und zugleich wichtige Wanderwege für viele Tiere.“ Der Naturschützer weiß, dass die Lippe-Hochwässer jedes Jahr Pflanzensamen und Tiere quer durch das Land transportieren. „Es ist entscheidend für die biologische Vielfalt in Mitteleuropa, dass naturnahe Flüsse mit ihren Auen über große Strecken dauerhaft erhalten bleiben.“

Die Lippeauen im Kreis Wesel haben eine lange Geschichte. Die letzte Eiszeit hat mit ihren Kies-

und Sandablagerungen diese Landschaft mitgestaltet. Zugleich ist die Flussniederung eine alte bäuerliche Kulturlandschaft: Schneitel- und Kopfbäume, Hecken und Feldgehölze prägen das Bild der Flusslandschaft ebenso wie Glatthaferwiesen, Schafschwingelweiden, Silbergrasfluren und Sandheiden. Darüber hinaus blieben vereinzelt Auen- und Bruchwälder erhalten. Die Mischung aus Kulturlandschaft und eiszeitlich geprägter Natur bringt eine enorme Artenvielfalt hervor. So dienen die Wiesenblänken, die unterschiedlich lange Zeit im Jahr Wasser halten können, Fröschen, Libellen und Käfern als Kinderstube. Rohrammer, Bekassine, Rallen, Gänse und Enten tummeln sich auf den Sumpfwiesen alter Lippearme.

Seit 1990 setzt sich die Biologische Station Wesel für das 720 Hektar große Naturschutzgebiet ein. Um die Landschaft nachhaltig zu entwickeln, bieten die Naturschützer unter anderem Extensivierungsprogramme für die Landwirte der Nachbarschaft an. Bei manchen Aktionen bekommt die Lippeaue auch tierische Hilfe. So sind für die Pflege der Sandmagerrasen oft die Heidschnucken im Einsatz. Sie halten unliebsame Sträucher wie Brombeeren oder Birkensäumlinge in Schach.

Informationen

Biologische Station im Kreis Wesel e. V.
Freybergweg 9
46483 Wesel
Tel. 0281 / 96 25 216 (werktags)
www.bskw.de

In dem nur schwer zugänglichen Gebiet hat die NRW-Stiftung bisher rund 50 Hektar Land für den Naturschutz erworben. Besonders für Ornithologen und Botaniker lohnt der Besuch eines drei Hektar großen Sumpfgebietes, zu dem ein Stichweg ab Höhe der Gaststätte „Castroper Hof“ an der L403 führt.

Die NRW-Stiftung unterstützte die Restaurierung des Eiskellers auf Schloss Diersfordt und half bei der Einrichtung zu einem Kultur- und Naturkundemuseum. Die NRW-Stiftung finanzierte auch den Erhalt des Schlossgrabens als Feuchtbiotop.

4 MUSEUM DIERSFORDT

Sicher ist nicht jedes Kühlhaus als Museum geeignet. Der Eiskeller des Schlosses Diersfordt aber hat diesen Wandel geschafft: Wo früher Eisblöcke verderbliche Lebensmittel gekühlt haben, geben heute Dauer- und Wechselausstellungen Aufschluss über die Geschichte des Schlosses oder die Landschaftsentwicklung der Umgebung. Zu verdanken ist dies dem Engagement des Heimatvereins der Herrlichkeit Diersfordt. Die Mitglieder nutzen den ehemaligen Eiskeller des Schlosses bei Wesel als Heimathaus und Ausstellungsraum.

Das heutige Heimathaus am Schloss ist typisch für die Wirtschaftsgebäude aus dem 18. Jahrhundert und zugleich Zeugnis der Bedeutung, die solche Eiskeller früher hatten. In exponierter Lage erbaut, waren sie damals auf dem Gelände vieler Schlösser üblich. Direkt am Eingang zum Schlossplatz gelegen, war das Haus wichtiger Bestandteil im Zusammenspiel der einzelnen Gebäude. Barocke Stilelemente, wie die Betonung der Gebäudeecken, kennzeichnen den aus Feldbrandziegeln errichteten Eiskeller.

Der Heimatverein mietete das unter Denkmalschutz stehende Gebäude 1989 zu einem symbolischen Preis von einer D-Mark an. 1995 begannen die Mitglieder mit der Restaurierung – und stießen dabei auf viele Spuren, die von der eins-

SEHENSWERT

Schloss Diersfordt
Die Schlossanlage Diersfordt entstand 1432 auf dem Gebiet einer alten Rheinschlinge in unmittelbarer Nähe des Diersfordter Waldsees und diente vermutlich einst der Sicherung der Furt. Heute ist die Anlage ein Hotel.

Informationen
Schloss Diersfordt
Am Schloss 3
46487 Diersfordt
Tel. 02859 / 90 96 30
www.schlosshotel-diersfordt.de

tigen Funktion des Gebäudes zeugen und bis heute sichtbar sind.
In den restaurierten Räumen hat der Heimatverein drei große Dioramen für die neue Ausstellung „Tiere in niederrheinischen Lebensräumen“ erstellt. Rund 70 Tierpräparate hat der Naturkundler Peter Malzbender dem Heimatverein dafür überlassen. Biber, Steinkauz, Saatgans, Eichhörnchen, Hirschkäfer oder Rotkehlchen – sie alle sind jetzt im Museum und Heimathaus Eiskeller zu sehen. Die Mitglieder des Vereins setzen sich aber auch für weitere Maßnahmen zum Erhalt des Schlosses ein, das heute Platz für Tagungen, Vorträge und Ausstellungen bietet.

Informationen
Eiskeller Diersfordt
Am Schloss 1a
46487 Wesel
Tel. 02859 / 355 oder 375
www.weselmarketing.de

Öffnungszeiten:
von März bis November
So 11-17 Uhr

■ Mit Unterstützung der NRW-Stiftung konnten das Bislicher Heimatmuseum um das Rhein-Deich-Museum erweitert werden.

5 RHEIN-DEICH-MUSEUM BISLICH

Mastbruch, Segelriss – Sturm auf dem Rhein? Kaum zu glauben, denn fast schon träge schiebt sich heute der große Strom dahin. Doch wer früher auf dem Wasserweg von Amsterdam nach Duisburg segelte, musste mit allem rechnen. Bevor der Rhein gezähmt werden konnte, war er ein gefährlicher Fluss. Und noch immer müssen sich die Menschen entlang der Ufer mit Deichen vor Hochwasser schützen.

Vor etwa sechs Millionen Jahren beginnt die Geschichte des Rheins mit einem gewaltigen Riss quer durch Europa: dem Oberrheingraben. Dieser tiefe Spalt hat sich mit Wasser gefüllt und so entstand ein Fluss, der sein Gesicht im Lauf der Jahrtausende unaufhörlich gewandelt hat. Im Rhein-Deich-Museum in Bislich erfahren Besucher vieles über die spannende Geschichte des Rheins. Die Zeugen hat der Fluss gleich selbst mitgebracht: 400 Millionen Jahre altes Gestein, ein Mammutzahn, ein Bisonschädel und sogar der Wirbel eines Wals beschwören ein längst vergangenes Zeitalter herauf. Später interessierten sich die Uferbewohner vor allem für eine Tiergruppe – die Fische im Rhein.

Die Berufsfischerei am Rhein hatte eine lange Tradition, für viele Menschen hing das Überleben von einem erfolgreichen Fang ab. Noch im Mittelalter tummelten sich zahlreiche Lachse im damals sauberen Wasser. Mit der sinkenden Wasserqualität im Zuge der Industrialisierung gingen in der jünge-

Bevor der Rhein gezähmt werden konnte, war er ein gefährlicher Fluss. Ganz besonders liegt den Bislichern die Abteilung Deichbau und Hochwasserschutz am Herzen.

ren Vergangenheit die Erträge jedoch stetig zurück. Daraufhin entwickelten sich die Aale zur begehrten Beute. In einer Weseler Fischfabrik wurden sie fangfrisch geräuchert und verkauft. Heute ist der Rhein dank zahlreicher Projekte und Gesetze zum Wasserschutz wieder sauberer, und auch Lachse wurden wieder gesichtet. Daher widmet das Museum dem Thema Umweltschutz einen wichtigen Teil der Sammlung. Mitglieder des Heimatvereins haben die Ausstellungsräume in einer alten Scheune mit vereinten Kräften auf dem Gelände des Heimatmuseums aufgebaut. Ganz besonders liegt den Bislichern die Abteilung Deichbau und Hochwasserschutz am Herzen. Historische Urkunden belegen, dass seit 1385 Deichgrafen für die Sicherheit im Dorf verantwortlich waren. Der authentische Arbeitsplatz eines solch wichtigen Mannes ist im Museum nachgebaut. Die Pegellatten im Obergeschoss dokumentieren die heutige Deichkrone und jagen dem Besucher einen kleinen Schauer über den Rücken – der Strich befindet sich etwa auf Augenhöhe, nur knapp darunter liegen Markierungen von verschiedenen Jahrhundert-Hochwassern.

Besonderer Stolz des Museums ist der Abguss des „Lüttinger Knaben", einer antiken Bronzestatue, die 1858 von Lachsfischern aus Lüttingen und Bislich im Rhein gefunden wurde.

Informationen

Rhein-Deich-Museum
im Heimatmuseum Bislich
Dorfstraße 24
46487 Wesel
Tel. 02859 / 15 19
www.bislich.de

Öffnungszeiten:
Ostern bis September:
So/Fei 10-16 Uhr
Oktober bis Ostern:
So/Fei 10-13 Uhr
sowie täglich für Gruppen
nach Voranmeldung

6 HISTORISCHER SCHIENENVERKEHR

Die Wagons rattern über die Schienen, und der Pfiff der Lokomotive begleitet die Fahrgäste durch Nordrhein-Westfalen. Beim Verein „Historischer Schienenverkehr Wesel (HSW)" können Besucher auch im 21. Jahrhundert noch erleben, wie man in den oft zitierten guten alten Zeiten reiste.

Mit viel Liebe haben die Vereinsmitglieder die denkmalgeschützten Schienenfahrzeuge originalgetreu restauriert. Die Dampf- und Diesel-Lokomotiven und die Wagons, die fast alle älter als die Vereinsmitglieder sind, stammen zum überwiegenden Teil aus Wesel und der näheren Umgebung oder waren dort im Einsatz. Der Packwagen ist im Jahre 1883 gebaut worden und die Personenwagen zwischen 1835 und 1908. Die Besucher bekommen auf dem Gelände die Gelegenheit, eine jahrhundertealte Bauart zu entdecken, die wegen des unüberhörbaren Fahrgeräusches unter dem Namen „Donnerbüchse" bekannt ist.

Der Verein „Historischer Schienenverkehr Wesel" darf übrigens das offizielle Schienennetz der Deutschen Bahn weitläufig befahren. Das ganze Jahr über bietet er mit seinen Diesel-Lokomotiven Ausflugs- und Städtefahrten zwischen Rheinpromenade und Hoher Mark an. In etwa

Informationen

Historischer Schienenverkehr Wesel e.V.
Tel. 0281 / 20 61 79 60
(werktags 18-20 Uhr)
www.hsw-wesel.de

Haltestellen für den „Weseler Stadtexpress" sind die „Rheinpromenade", „Weseler Bahnhof", „Altes Wasserwerk", „Hohe Mark". Fahrkarten sind beim Zugschaffner erhältlich. Fahrkarten für die Tages- und Nikolausfahrten nur im Vorverkauf.

Die NRW-Stiftung unterstützte die Aufarbeitung einer alten Dampflokomotive und half, den neuen Standort des Historischen Schienenverkehrs an der „Römerwardt" in Wesel zu erschließen.

dreistündiger Fahrt erreichen die Züge auch andere attraktive Ziele: im Sauerland, in der Eifel, im Hohen Venn (Belgien), an Ahr, Mosel, Mittelrhein und Lahn. Buffetwagen und Service am Platz lassen die Fahrten zum besonderen Erlebnis werden. So hat der Verein viele Stammgäste, die den Zug auf fast jeder Fernfahrt begleiten. Heiß geliebt sind bei Kindern und Erwachsenen die Nikolausfahrten, wenn Nikolaus und sein Knecht Ruprecht zu den Fahrgästen gehören.
Der HSW hat seinen Standort am Stadtrand an der Römerwardt, nahe dem Rheinufer, wo die Stadt Wesel den Vereinsmitgliedern ein Grundstück zur Verfügung gestellt hat. Das Gelände befindet sich in unmittelbarer Nähe zu einer im Zweiten Weltkrieg von deutschen Truppen gesprengten Eisenbahnbrücke, die noch in Fragmenten erhalten ist. Die ehemalige Rheinbrücke der Cöln-Mindener Eisenbahn-Gesellschaft hatte bei ihrer Fertigstellung im Jahr 1874 eine sagenhafte Spannweite von 1.950 Metern, ruhte auf 110 Backsteinpfeilern und war damals die längste Eisenbahnbrücke über den Rhein.

Mit seinen Loks bietet der Verein ein Reiseerlebnis wie in früheren Zeiten.

7 PREUSSEN-MUSEUM

Große Teile des heutigen NRW kamen schon vor Jahrhunderten unter brandenburgisch-preußische Herrschaft – auch am Rhein. In Wesel steht die größte erhaltene Festungsanlage am Niederrhein, ab 1687 vom preußischen Kurfürsten Friedrich Wilhelm I. zur Zitadelle ausgebaut. Nach dem Ersten Weltkrieg wurden die eigentlichen Festungswerke zwar fast vollständig zerstört, da die Siegermächte das Rheinland sehr gründlich entmilitarisierten. Fünf große Gebäude blieben aber erhalten – seit 1998 sind sie nicht mehr nur steinerne und stumme Zeugen der rheinländisch-preußischen Geschichte: Im „Körnermagazin", dem Getreidedepot der Zitadelle aus dem 19. Jahrhundert, zeigt das Preußen-Museum Wesel auf 2000 Quadratmetern die Geschichte der preußischen Herrschaft am Rhein.

Die Dauerausstellung ist teils chronologisch, teils thematisch gegliedert und beantwortet zunächst einmal die nahe liegende Frage: Wie kamen die Kurfürsten von Brandenburg an den Niederrhein? Eine kriegerische Eroberung gab es nicht, sondern einen verzwickten und teils heftigen Erbfolgestreit. Der letzte Herzog von Jülich-Kleve-Berg verstarb 1609 kinderlos, und auf sein ehemaliges Herrschaftsgebiet meldete

Informationen

Preußen-Museum Nordrhein-Westfalen Wesel
An der Zitadelle 14 - 20
46483 Wesel
Kasse, Museumsshop und Cafeteria an der Nordseite der Zitadelle
Tel. 0281 / 33 99 60
www.preussenmuseum.de

Öffnungszeiten:
Mi–So 11–17 Uhr

Kinder

- Kindergeburtstage
- Führungen
- Spiele und Kostümierungen

Die NRW-Stiftung erwarb Urkunden, Dokumente und andere schriftliche Zeugnisse für das Preußen-Museum in Wesel.

eine Vielzahl von potenziellen Erben Ansprüche an. Letzten Endes fielen unter anderem die klevischen Erblande an Preußen, da eine Nichte des Herzogs verheiratet war mit dem brandenburgischen Kurprinzen Johann-Sigismund.

Die Geschichte des Staates Preußen endet auch in der Ausstellung mit seiner Auflösung 1947. Die Zeit bis dahin beleuchtet das Museum konsequent immer wieder mit einem engen Fokus aufs Rheinland. Ein wichtiger Punkt: die Montan-Industrie an Rhein und Ruhr. Mit Kohle und Stahl aus dem Westen baute Preußen im 19. Jahrhundert gezielt seine militärische Macht aus. Auch die unterschiedlichen Mentalitäten und Konfessionen von Rheinländern und Preußen, die häufig für Spannungen sorgten, werden thematisiert.

Natürlich gibt es aber auch immer wieder den Blick aufs große Ganze, auf den preußischen Militarismus zum Beispiel, auf Uniformen und Waffen. Allerdings zeigt die Schau beileibe nicht nur historische Stücke, sondern setzt auch moderne audiovisuelle Medien ein. Um etwa den Aufstieg vom Kurfürstentum zum Königreich anschaulich darzustellen. Oder um den Besuchern die Bedeutung der Eisenbahn für einen zergliederten, großen Flächenstaat vor Augen zu führen. Im Nachbau eines Eisenbahnabteils flimmert dort ein großer Bildschirm, wo im Original das Fenster den Blick auf die vorbeiziehende Landschaft freigäbe. Und schließlich will die Schau auch zeigen, wie die preußische Geschichte bis heute nachwirkt in Nordrhein-Westfalen.

Das Preußen-Museum in Wesel ist Teil des Kulturzentrums Zitadelle, das sich in der ehemaligen Festung etabliert hat. In den angrenzenden Bauten befinden sich außerdem noch die Abteilung Schillkasematte des Städtischen Museums, sowie das Stadtarchiv mit seiner Restaurierungswerkstatt und die städtische Musik- und Kunstschule. Neben der Dauerausstellung zeigt das Preußen-Museum Wesel im modernen Glasbau Sonderausstellungen.

Luise Prinzessin zu Mecklenburg war als Gemahlin König Friedrich Wilhelms III. Königin von Preußen.

SEHENSWERT

Preußen in Minden
Wer die ganze Geschichte der preußischen Herrschaft in Nordrhein-Westfalen ergründen will, sollte außerdem das Preußen-Museum im ostwestfälischen Minden besuchen. In der klassizistischen Defensionskaserne aus dem Jahre 1829 ist die zweite Ausstellung des Preußen-Museums NRW untergebracht.

■ Informationen
www.preussenmuseum.de

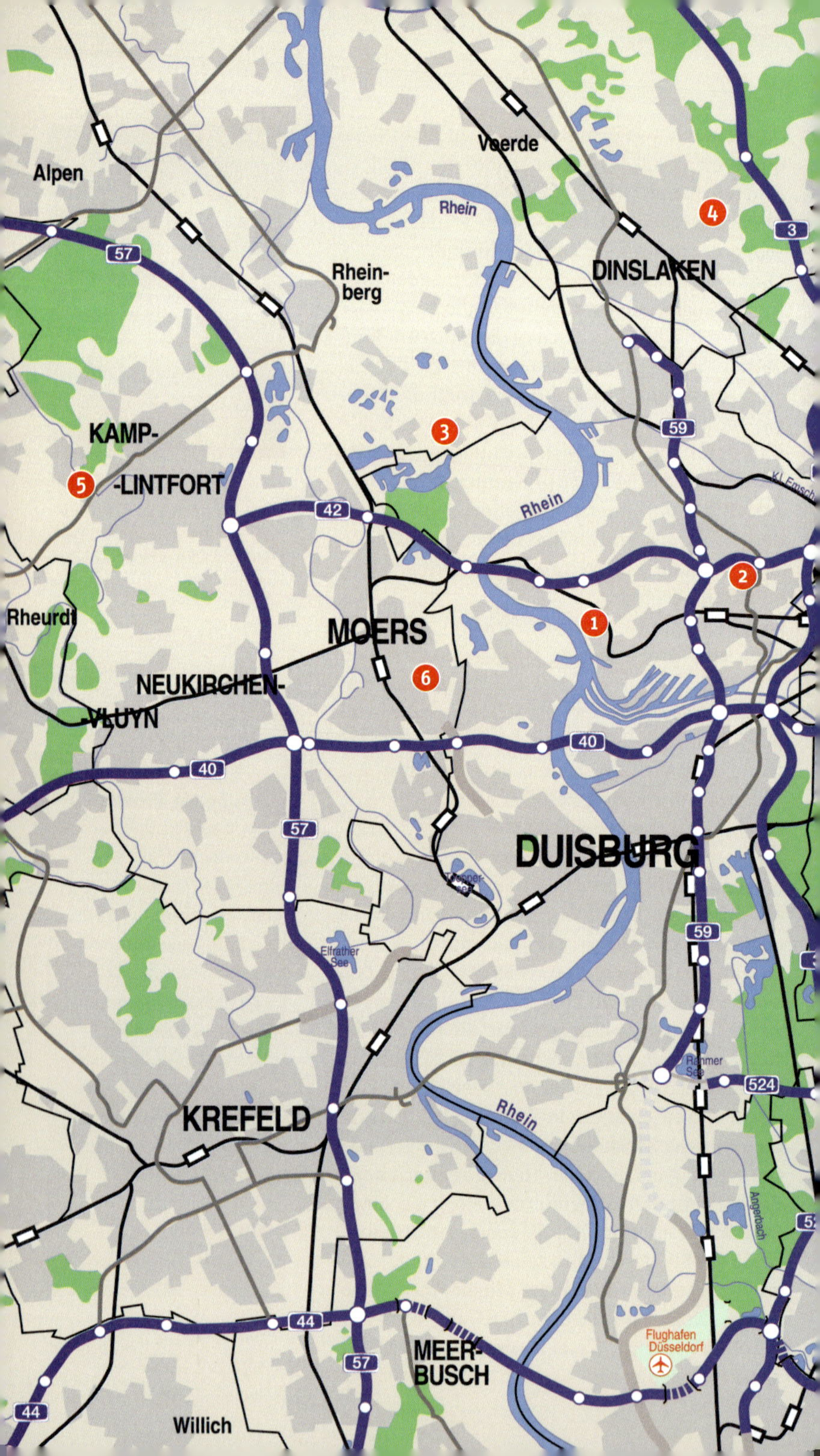

Alpen
Voerde
Rhein
4
3
Rhein-
berg
DINSLAKEN
57
3
59
KAMP-
-LINTFORT
5
42
Rhein
2
1
Rheurdt
MOERS
6
NEUKIRCHEN-
-VLUYN
40
40
57
DUISBURG
59
Elfrather
See
Rahmer
See
524
Rhein
KREFELD
Angerbach
44
57
MEER-
BUSCH
Flughafen
Düsseldorf
44
Willich

RUND UM DUISBURG

WANDEL, GÄRTEN UND EINE PUMPENMARIE

Im Landschaftspark Duisburg-Nord ist nichts mehr so wie es mal war: Der Gasometer des ehemaligen Hüttenwerkes wurde zum Wasserbecken umgewandelt; Taucher schweben hier über künstliche Wracks. In der Gießhalle bilden dramatisch beleuchtete Kessel und Stahlträger die Kulisse für einen Hochseilparcours. Im Sommer gibt's Freiluftkino am Hochofen, in der Gebläsehalle erklingen Konzerte. Der Landschaftspark Duisburg-Nord ist nur *ein* Symbol für den Wandel, den Duisburg seit der Stahlkrise durchgemacht hat. Auch im Innenhafen zeigt die Stadt an Rhein und Ruhr ihr neues Gesicht. Er wurde nach Plänen des britischen Architekten Sir Norman Foster zu einer Modellstadt umgewandelt, die Arbeiten, Wohnen, Kultur und

Bild oben:
Das Duisburger Rathaus am Abend.

Freizeit am Wasser miteinander verknüpft. Der Sportpark Duisburg im Süden der Stadt zählt zu den vielfältigsten Sport- und Erholungsgebieten Deutschlands. Und die Innenstadt mit ihren 450 Geschäften und modernen Shopping-Centern zieht Besucher aus dem gesamten Umfeld an. Seine Bedeutung als wichtiger Wirtschaftsstandort erlangte Duisburg als Teil der großen Ballungszentren an Rhein und Ruhr. 20.000 Schiffe machen jährlich im größten Binnenhafen Europas fest, vor allem als Drehkreuz für die Seehäfen in den Niederlanden und Belgien spielt er eine wichtige Rolle. Wer ein wenig vom Duft der großen weiten Welt schnuppern will, kann dies bei einer Hafenrundfahrt mit der Weißen Flotte Duisburg tun.

Die Friedrichstraße in Moers.

Für das Kontrastprogramm bietet sich dann Duisburgs westlicher Nachbar – das beschauliche Moers – an. Eine malerische Altstadt mit vielen kleinen Geschäften und der direkt an die Einkaufsstraße angrenzende Schloss- und Freizeitpark machen den besonderen Charme von Moers aus. Das Schloss, dessen ringförmige Anlage aus dem 13. bis 15. Jahrhundert stammt, war einst Sitz der Grafen von Moers. Heute beherbergt es das Grafschafter Museum, das die Geschichte der Grafschaft und des Niederrheins dokumentiert. In den Gewölben befindet sich eine Spielstätte des 1975 gegründeten Schlosstheaters. Der um 1836 von Maximilian Weyhe nach dem Vorbild englischer Landschaftsgärten angelegte Park ist nicht nur die grüne Lunge der Innenstadt, sondern Kulisse für besondere Veranstaltungen: Vor allem das Internationale New Jazz Festival Moers – kurz: Moers Festival – zieht alljährlich Tausende von Besuchern an.

In Kamp-Lintfort lohnt ein Besuch des Klosters Kamp mit seinem weitläufigen Terrassengarten, dem die Anlage den Beinamen „Sanssouci am Niederrhein“ verdankt. Die erste Zisterzienserabtei auf deutschsprachigem Boden bildete zugleich die Keimzelle des heutigen Stadtteils Kamp. Der Terrassengarten wurde in den 80er-Jahren des letzten Jahrhunderts wieder herge-

Der Duisburger Innenhafen.

richtet. Bei der Restaurierung orientierten sich die Planer zwar am barocken Vorbild, nutzten aber auch Gestaltungsmittel der Gegenwart.
Auch die ehemalige Zoll- und Festungsstadt Rheinberg mit ihren historischen Baudenkmälern steckt voller Geschichte und Geschichten. Vom mittelalterlichen Stadtteil Orsoy fährt eine kleine Autofähre das rechtsrheinisch gelegene Duisburg-Walsum an. Zuvor allerdings sollte man einen Bummel auf der schönen Rheinpromenade mit den Resten der Stadtbefestigung unternehmen. Dinslaken an der Grenze zwischen Ruhrgebiet und Niederrhein hat dagegen eher unter Pferdefreunden einen guten Namen. Die Dinslakener Halbmeilen-Trabrennbahn ist mit 800 Metern die kürzeste Bahn in Deutschland. Dramen ganz anderer Art spielen sich auf der Freilichtbühne im Stadtpark vor der Kulisse der alten Burg ab. Neben Aufführungen der Burghofbühne finden hier auch Schützen- und Musikfeste statt. Nicht nur die Burg, deren Wurzeln ins 12. Jahrhundert zurückreichen, die evangelische Stadtkirche aus dem frühen 18. Jahrhundert, das Rittertor oder die katholische Sankt-Vincentius-Kirche zeugen von der bewegten Geschichte Dinslakens. So erinnert die Wöllepump an der Ecke Duisburger-/Brückstraße an die sogenannten „Pumpennachbarschaften“: Bis zur Errichtung des Wasserwerks 1903 erfolgte die Trinkwasserversorgung ausschließlich über zwölf öffentliche Pumpen. Die Anwohner förderten hier nicht nur Wasser, sondern tauschten auch Klatsch und Tratsch aus. Noch heute wählt der Dinslakener Heimatverein alljährlich eine „Pumpenmarie“. Er erinnert damit an ein junges Mädchen aus der Nachbarschaft der Wöllepump, das 1813 mit seinem Liebreiz französische Soldaten davon abhalten konnte, die Stadt zu zerstören.

Kloster Kamp bei Kamp-Lintfort wurde 1123 als erstes Zisterzienserkloster auf deutschem Boden gegründet. Bekannt wurde es vorrangig durch die Legende, dass sein wunderschöner Terrassengarten Friedrich II. als Vorlage für Sanssouci diente.

1 MUSEUM DER DEUTSCHEN BINNENSCHIFFFAHRT

Das Museum der Deutschen Binnenschifffahrt in Duisburg ist nicht nur wegen seiner Lage unmittelbar am größten Binnenhafen Europas oder wegen seiner einzigartigen Architektur ein beliebtes Ausflugsziel für Jung und Alt. „Landratten“ und „Süßwassermatrosen“ aller Altersgruppen können vor und hinter der prachtvollen Fassade des restaurierten Jugendstilgebäudes der früheren Ruhrorter Badeanstalt auf große Entdeckungsreise in die Geschichte der Binnenschifffahrt gehen.

Wertvolle historische Schiffsmodelle, Gegenstände und Fotos aus dem Alltag am Fluss sind ebenso zu sehen wie das Werkzeug der Segelmacher oder das Modell einer typischen Werft für Flussschiffe. Für Kinder ist die Ausstellung ein idealer Ort, um die Phantasie schweifen zu lassen, bevor es mit der ganzen Familie vielleicht auf Hafenrundfahrt geht.

Museumsleiter Heinrich Kemper freut sich über die positiven Reaktionen vieler Kinder, die wissensdurstig und spielfreudig die Ausstellung erobern: „Neben Technik- und Wassersport-Interessierten sind es in letzter Zeit vor allem Familien, die einen immer größeren Anteil an unseren Besuchern ausmachen. Für sie haben wir das Angebot gezielt ausgebaut.“

Als Maskottchen werben „Jonas & Fips“, ein pfiffiger Schiffsjunge und sein Hund, um die Gunst und Aufmerksamkeit der Kinder. Sie begleiten das kindgerechte Ausstellungsprogramm, das neben Binnenschiffer-Diplom, Wasserspielplatz und Spielecke beispielsweise auch Kinder-Führungen bietet.

Das Gebäude der ehemaligen Ruhrorter Badeanstalt wurde während der Internationalen Bauausstellung (IBA) Emscher Park res-

SEHENSWERT

Hafenrundfahrt

Schiffe lassen sich in Duisburg auch „live“ erkunden – bei einer Hafenrundfahrt. Entweder mit der Weißen Flotte oder mit einem Charterboot vom Steiger des Museums aus.

■ Informationen

Weiße Flotte Duisburg:
Tel. 0203 / 71 39 667
www.wf-duisburg.de
Ruhrorter Personenschifffahrt:
Tel. 0203 / 80 70 677
www.ruhrorter-personen-schiffahrt.de

tauriert und als Museum hergerichtet. 1998 öffnete das Museum für Binnenschifffahrt in dem Jugendstil-Gebäude seine Pforten. Gleich mehrere Schiffe sind hier für immer vor Anker gegangen. Neben einem historischen Lastensegler „Tjalk“, der unter vollen Segeln im ehemaligen Herrenbad liegt, ist die „Bibo 2“ ein weiteres Schmuckstück der Ausstellung. Das wahrscheinlich älteste Bilge-Entölschiff der Welt, das seit den 1950er-Jahren verschmutztes Wasser anderer Binnenschiffe einsammelte, hat im Innenhof des Museums festgemacht.

Darüber hinaus bietet die Ausstellung im Herrenbad eine geschichtliche Übersicht von prähistorischen Wasserfahrzeugen über Segelschiffe und Dampfmaschinen bis zu modernen Schubschiffen. Im Untergeschoss ist der Laderaum eines alten Schiffes nachgebaut, Waren und Werk-

Im ehemaligen Herrenbad steht die „Tjalk“, ein Lastensegler von 1913.

zeuge erzählen vom Handel auf dem Wasser im Wandel der Zeiten. Auf dem Grund des ehemaligen Schwimmbassins tauchen die Besucher trockenen Fußes ein in die Unterwasserwelt des Hafenbeckens mit Fischen, allerhand „Fundsachen“ und einem Taucher.

Schwerpunkt im ehemaligen Damenbad ist der Alltag im Leben der Binnenschiffer, der in dem hölzernen Nachbau eines Binnenschiffes lebendig wird: mit der räumlichen Enge und der damit verbundenen Vermischung von Privatleben, Arbeit und Freizeit.

Auch die Schifferkinder, das Schiffer- und anstrengende Hafenarbeiterleben in Ruhrort sowie die Entwicklung der Duisburger und Ruhrorter Häfen im 19. und 20. Jahrhundert kommen als Themen im Museum keinesfalls zu kurz. Zu den Attraktionen des Hauses gehört ein Blick aus dem original nachgebauten Steuerstand, der von der Empore im ehemaligen Damenbad in den Raum hineinragt. Mit Hilfe einer Großfilmprojektion verwandelt sich die gegenüberliegende Wand in eine riesige Flusslandschaft und lässt die Besucher auf diese Weise eine Binnenschifffahrt aus der Perspektive des Schiffsführers erleben.

Etwa zehn Fußminuten vom Museum entfernt liegt mit der „Oscar Huber“ der letzte erhaltene Radschleppdampfer auf dem Rhein vor Anker. Das Museumsschiff, 1922 gebaut, ist ein einzigartiges Kulturdenkmal. Bis in die 1960er-Jahre zog das Räderboot pro Fahrt bis zu sieben antriebslose Kähne mit ihren Frachten. Gegen Ende der 1950er-Jahre jedoch liefen moderne Schubboote mit Dieselmotoren den Schleppdampfern nach und nach den Rang ab. Die „Oscar Huber“ entging als einziger Radschleppdampfer auf dem Rhein dem traurigen Ende der Verschrottung. Heute liegt sie am Leinpfad an der Schifferbörse vor Anker und kann besichtigt werden – der imposante Maschinenraum ist ebenso zugänglich wie die ehemaligen Mannschafts- und Wohnräume. Direkt an der „Oscar Huber“ liegt der Eimerkettendampfbagger „Minden“.

Informationen

Museum der Deutschen Binnenschifffahrt
Apostelstr. 84
47119 Duisburg
Tel. 0203 / 80 88 940
www.binnenschifffahrts-museum.de

Öffnungszeiten:
Di-So 10-17 Uhr,
sonntags um 15 Uhr kostenlose Führungen durch die Ausstellung

Kinder

- Museumsquiz mit Binnenschiffer-Diplom
- Wasserspielplatz
- Kinderzeit-Theater für Kindertageseinrichtungen
- Kinderführung „Schiff ahoi“

www.nrw-entdecken.de

Die NRW-Stiftung half bei der Einrichtung des Museums zur Deutschen Binnenschifffahrt in Duisburg und unterstützte die Ausstellung „Duisburg und der Rhein“.

Nachts ein Kunstwerk: Der ehemalige Hochofen 5 im Duisburger Landschaftspark Nord.

2 LANDSCHAFTSPARK NORD

Das Hüttenwerk in Meiderich ist heute das Kernstück des rund 200 Hektar großen Landschaftsparks Duisburg-Nord. Das von August Thyssen erbaute Werk ging 1903 mit zunächst drei Hochöfen in Betrieb, zwei weitere kamen in den folgenden Jahren dazu. Bis zur Schließung im April 1985, als das Werk der großen Stahlkrise zum Opfer fiel, wurden in Meiderich 57 Millionen Tonnen Roheisen produziert, das vornehmlich für die Weiterverarbeitung in den Stahlwerken Thyssens bestimmt war. Nach der Schließung wurde es zunächst still, viele Mitarbeiter gingen in den Ruhe- oder Vorruhestand oder fanden Beschäftigung in anderen Thyssen-Werken. Der Abriss der gesamten Anlage war schon geplant, doch engagierte Bürger setzten sich dafür ein, das Werk als Zeugnis der Industriekultur des Ruhrgebiets zu erhalten.

Als Projekt der Internationalen Bauausstellung IBA Emscher Park entstand von 1990 bis 1999 der Landschaftspark Duisburg-Nord, der mit einem Park im herkömmlichen Sinne nur wenig zu tun hat: Die Industriebauten des Hüttenwerks wurden zu Freizeiteinrichtungen und Spielstätten für Kulturveranstaltungen umfunktioniert. Verwilderte Grünflächen wurden zu Biotopen, die heute Lebensraum für zahlreiche Tier- und Pflanzenarten bieten. Im alten Gasometer entstand Europas größtes künstliches Tauchbecken, in Erzlagerbunkern wurden alpine Klettergärten eingerichtet, die ehemalige Gießhalle lässt sich auf einem Hochseilparcours erkunden.

Ein industriegeschichtlicher Rundweg informiert über Geschichte und Gegenwart des Werkes, das Gelände kann zu Fuß oder mit dem Fahrrad erkundet werden. Besonders stimmungsvoll sind die nächtlichen Fackelführungen durch die Anlage. Vom ehemaligen Hochofen 5, der zum begehbaren Aussichtsturm umfunktioniert wurde, bietet sich ein imposanter Blick über das Ruhrgebiet. Nachts tauchen die Illuminationen des britischen Künstlers Jonathan Park die

Beliebtes Ziel einer ausgedehnten Radtour: der Duisburger Landschaftspark Nord.

Anlage in magisches Licht. Für das international bedeutende Kulturfestival „Ruhr-Triennale" wurde die Gebläsehalle, in der früher der für das Schmelzen des Roheisens benötigte Hochofenwind erzeugt wurde, zu einem Schauspielhaus mit fester Bühne und Platz für 500 Besucher ausgebaut. Hier finden heute Konzerte, Theater- und Tanzveranstaltungen, aber auch Filmpremieren oder Feiern statt. Die ehemalige Gießhalle, die mit einer Tribüne und ausfahrbarem Dach ausgestattet wurde, ist Schauplatz von Konzerten, Theater und Open-Air-Kino.
Der zum Landschaftspark gehörende Ingenhammshof erinnert dagegen an die bäuerliche Vergangenheit des Duisburger Nordens. Der Hof, der schon im 17. Jahrhundert erwähnt wird, und ab 1903 die werkseigenen Geschäfte der Firma Thyssen mit Lebensmitteln versorgte, wurde zum Lehr- und Lernbauernhof umgestaltet, auf dem Schülerinnen und Schüler ein Jahr lang die Grundzüge ökologischen Ackerbaus und ökologischer Viehzucht kennenlernen können.

Informationen

Landschaftspark
Duisburg-Nord
Emscherstraße 71
47137 Duisburg,
Tel. 0203 / 429 19 19,
www.landschaftspark.de

Mithilfe der NRW-Stiftung konnte das Geschichtszentrum „Hüttenbetrieb Meiderich" eingerichtet werden.

Käthe, die Tochter des letzten Müllers Johann Hilgenpahl.

3 LOHMÜHLE

Es war ein heftiger Herbststurm, der im Jahre 1832 über das heutige Baerl hinwegzog. Ihm zum Opfer fiel die „Cönigliche Wint- und Rossmuhlen“, die seit über 100 Jahren hier gestanden hatte. An der wasserreichen „Law“, dem heutigen Lohbach, hatte es schon seit Jahrhunderten Mühlen gegeben: Urkunden aus dem Jahr 1412 berichten, dass Wilhelm von Ypelaer eine gewisse „Baerlsche Windmühle“ an den Grafen von Nassau verkauft habe. Alte Skizzen und Karten von 1550 zeigen eine Wassermühle, in der Eichenrinde zu Gerberlohe gemahlen wurde. Sie wurde durch eine Bockwindmühle ersetzt, die als Getreidemühle diente – eben jene „Cönigliche Wint- und Rossmuhlen“. Und so war es keine Frage, dass man sich 1832 daran machte, eine neue Mühle zu bauen, denn das Korn musste ja irgendwie klein zu kriegen sein.

Im Jahr 1834 war die heutige Lohmühle fertig aufgebaut. Der letzte Müller, Johann Hilgenpahl, genannt Möller Jan, kam um 1890 als Müllergeselle auf die Mühle, kaufte sie im Jahre 1902 vom Vorbesitzer Damschen und nahm nach und nach Umstellungen vor. Nach dem Verlust der Mühlenflügel im Jahre 1916 stellte er den Mahlbetrieb auf Motorkraft um. Als der Müller Hilgenpahl 1955 starb, führte seine Tochter Käthe die Familientradition als Müllerin fort – allerdings nur fünf Jahre lang. 1960 kam es endgültig zum Stillstand der Mühlsteine.

Die restaurierte Mühlenkappe konnte im Juni 2011 aufgesetzt werden.

Heute steht die Mühle unter Denkmalschutz und soll als sichtbares Stück heimatlicher Kulturgeschichte Zeugnis geben von jenen Tagen, in denen sich noch die Windmühlenflügel drehten. Die nach Holländertypus eingerichtete Mühle steht auf einem Terp, einem Hügel. Sie ist ein viergeschossiger unverputzter Backsteinbau, den voraussichtlich ab 2013 wieder die typische, holzverschindelte Haube mit dem Windflügelkreuz bekrönen wird. Momentan ist die Mühle ohne Flügel.
Die Mahltechnik ist bis heute fast vollständig erhalten – auch dank einer umfassenden Restaurierung in den Jahren 1974/75 durch den Mühlenverein. Diese Flügel will der Mühlenverein Lohmühle wieder zum Drehen, die Mühle wieder zum Mahlen bringen.

Dieses Bild entstand etwa Mitte des 19. Jahrhunderts.

Informationen

Mühlenverein
Lohmühle e.V.
An der Lohmühle 17
47199 Duisburg-Baerl
www.muehlenverein-lohmuehle.de
Tel. 02844 / 99 0 39

Die NRW-Stiftung half bei der Restaurierung der Lohmühle.

4 WIND- UND WASSERMÜHLE HIESFELD

Langsam, fast bedächtig setzen sich die mächtigen hölzernen Flügel in Bewegung. Die nagelneue Bespannung aus Segeltuch zittert leicht im Wind. Mehr als 80 Jahre hat es gedauert, nun mahlt die Hiesfelder Windmühle in Dinslaken wieder Korn zu Mehl. Und wer wissen möchte, wie die Mühlen der Welt aussehen, der findet im Mühlenmuseum etwa zwei Kilometer weiter reichlich Anschauungsmaterial.

Dass die Mühle wie neu aussieht und sogar funktioniert, ist vor allem den unermüdlichen Bemühungen der Mitglieder des „Fördervereins Windmühle Hiesfeld" zu verdanken. Sie haben mit großem Erfolg Spendengelder gesammelt, um die dringend nötige Renovierung zu ermöglichen. Immerhin handelt es sich bei der Turmwindmühle an der Sterkrader Straße um ein regionalgeschichtliches Denkmal: Für verschiedene Besitzer war sie als Getreide- und Eichenlohmühle in Betrieb und wichtig für die Gerbereien im Umkreis. Die gemahlene Rinde des Eichenbaumes war nämlich ein wichtiger Grundstoff, um Eichenlohe, eine Gerbflüssigkeit, herzustellen.

Genau 100 Jahre lang drehten sich die Flügel, bis die Mühle nach häufigen Pächterwechseln stillgelegt wurde. Der zunehmende Verfall erlebte einen traurigen Höhepunkt, als 1945 durch Granatbeschuss die Mühlenhaube schwer beschädigt wurde. Doch bereits fünf Jahre später startete der Aktionskreis Dorf Hiesfeld in der Tageszeitung einen Aufruf, das Wahrzeichen des Ortes zu erhalten. Die Initiative hatte Erfolg, die Mühle erhielt neue Flügel, Treppen und sogar elektrisches Licht. 1976 schlossen sich die aktiven Mühlenförderer zu einem Verein zusammen, die Stadt Dinslaken kaufte das Mühlengrundstück im Erbbaurecht. Denkmalpflege allein ist jedoch nicht das einzige Anliegen der Hiesfelder. Sie möchten der Bevölkerung und besonders den Kindern nahe bringen, wie groß die Bedeutung des technischen Wunder-

Informationen

Hiesfelder Windmühle
Mühlenmuseum
(Wassermühle)
Am Freibad 5
46539 Dinslaken-Hiesfeld
Die Windmühle befindet sich in unmittelbarer Nähe der Sterkrader Straße.
Tel. 02064 / 94 188
www.muehlenmuseum-dinslaken-hiesfeld.de

Öffnungszeiten:
So 10.30-12.30 Uhr
www.muehlenmuseum-dinslaken-hiesfeld.de

Kinder

- Der Weg vom Korn zum Brot (für Schulklassen)

Die NRW-Stiftung beteiligte sich finanziell an der Restaurierung der Wind- und Wassermühle in Dinslaken Hiesfeld.

werks Mühle einmal war. Auch in diesem Punkt scheute der Verein weder Kosten noch Mühen, und so ist in dem Dinslakener Stadtteil mittlerweile ein regelrechtes Mühlenzentrum entstanden: Es befindet sich in den Räumen einer ehemaligen Wassermühle, die ebenfalls vor dem Verfall gerettet werden konnte.

Auch hier war es der Mühlenverein, der das mehr als 300 Jahre alte Gebäude restaurierte und Besuchern zugänglich machte. Zahlreiche Schulklassen nutzen seitdem regelmäßig die Möglichkeit, den Weg vom Korn zum Brot in allen Details zu erleben.

Das Wassermühlen-Ensemble setzt sich aus zwei Gebäuden zusammen: aus der ursprünglichen Wassermühle, die 1693 als Fachwerkhaus errichtet wurde, und aus einem separaten, deutlich höheren Backsteinbau. Dieser liegt auf der anderen Seite des Rotbachs und diente als Hauptgebäude für den Mühlenbetrieb sowie als Wohnhaus für den Müller. Zwischen beiden Häusern ist mitten im Bach das Wasserrad der

Malerischer geht es kaum noch: die beiden Gebäude der Wassermühle Hiesfeld und das dazwischenliegende Wasserrad im Rotbach.

Mühle angebracht, das höhenmäßig beinahe an das Walmdach des Fachwerkhauses heranreicht. Der Verein konnte beide Gebäude komplett sanieren und instandsetzen; den Umbau zu einem liebevoll gestalteten Museum ermöglichten Förderprogramme, Spendengelder, vor allem aber ein beispielhafter ehrenamtlicher Einsatz der Vereinsmitglieder.

Das 1991 eröffnete Mühlenmuseum beherbergt inzwischen rund 50 Mühlenmodelle aus aller Welt und ist laut Angaben des Vereins neben einer ähnlichen Einrichtung in Gifhorn in Niedersachsen eines von nur zwei Museen dieser Art in Deutschland. Wichtiger aber noch: Die Ausstellung ist ungeheuer beliebt – viele Gäste vom Niederrhein und aus dem Ruhrgebiet finden den Weg nach Hiesfeld.

Besucher erwartet zudem ein kleiner Mühlenshop, in dem neben Motiv-Kaffeebechern, Aufklebern und einem kleinen Müller-Holzmännchen aus dem Erzgebirge auch umfangreiches Info-Material erhältlich ist.

5 KLOSTER KAMP

Ruhe und Bescheidenheit, Gottesfurcht und stille Einkehr, so stellt man sich gemeinhin die Atmosphäre im Kloster vor. Bei den Zisterziensern vom Kloster Kamp war das ein wenig anders: Zwar ist der prachtvolle Park der inneren Ruhe sehr zuträglich, von Bescheidenheit allerdings kann Abt Daniels, der die Gärten anlegen ließ, nicht viel gehalten haben. So wundert es auch nicht, dass sich hartnäckig das Gerücht hält, die Terrassengärten seien dem Preußenkönig Friedrich II. Inspiration für Schloss Sanssouci gewesen. Ebenso interessant wie diese Anekdote ist die gesamte Geschichte der Klosteranlage und des Zisterzienserordens, die im Museum Kloster Kamp zu besichtigen ist.

In den Ausstellungsräumen erfährt der Besucher, welch bewegte Geschichte das Kloster hinter sich hat. 1123 wurde es als älteste Niederlassung der Zisterzienser auf dem Kamper Berg gegründet und stieg im Barock zum kulturellen Zentrum am Niederrhein auf. Aus dieser Zeit datieren auch die prachtvollen Terrassengärten, die erst Ende der 1980er-Jahre wiederentdeckt und restauriert wurden. Dem Aufstieg folgte mit der Säkularisation 1802 der tiefe Fall: Das Kloster wurde aufgelöst, der Besitz zerschlagen, einige der Bauten abgerissen.

Von 1954 bis 2002 füllten die Karmeliter das Kloster mit neuem Leben. 1979 gründete sich

In einer Ausstellung erfährt der Besucher viel über die Geschichte des Ordens und des Klosters.

die Vereinigung „Europäische Begegnungsstätte am Kloster Kamp", die 1987 im denkmalgeschützten ehemaligen Agatha-Stift das Klostermuseum einrichtete. Die Idee war seinerzeit, anhand der Geschichte der Abtei Kamp und der Zisterzienser die kulturellen Verbindungen und Gemeinsamkeiten der Völker Europas aufzuzeigen und so Anknüpfungspunkte für die Gegenwart zu liefern.
Diese Idee besteht noch heute, wenngleich der Träger des Museums gewechselt hat. 2004 übernahm das Geistliche und Kulturelle Zentrum Kloster Kamp die Regie und gestaltete 2005 das Museum nach modernen Gesichtspunkten neu. So wurde für das kostbarste Stück eine eigene Schatzkammer eingerichtet: In einem dunkelroten Raum, von sakraler Musik untermalt, ist jetzt das prunkvolle Antependium aus dem 14. Jahrhundert zu sehen, ein Altarkleid mit breiter Goldstickerei auf grünem Seidensamt. Auch die anderen Ausstellungsstücke wurden neu arrangiert, statt durch viel Text wird die Geschichte der Zisterzienser jetzt durch Filme erklärt. Wechselausstellungen ergänzen das Angebot des Museums.

Bekannt ist das Kloster vor allem für seine traumhaften Terrassengärten.

Informationen

Museum Kloster-Kamp
Abteiplatz 24
47475 Kamp-Lintfort
Tel. 02842 / 40 62
www.zentrum-kloster-kamp.de

Öffnungszeiten:
Di-Sa 14-18 Uhr
So/Fei 11-18 Uhr
Führungen nach telefonischer Vereinbarung.

Die NRW-Stiftung beteiligte sich beim Erwerb von Exponaten für das Kloster Kamp.

6 ZECHE RHEINPREUSSEN

Als Schacht IV 1989 unter Denkmalschutz gestellt wurde, sollte er nicht nur einer von vielen Zeitzeugen einer vergangenen Epoche sein. Vielmehr sollte das Industriedenkmal zu einem lebendigen Treffpunkt werden, der anschaulich und spannend vom Bergbau erzählt. 1992 begannen die Sanierungsarbeiten unter der Federführung der Ruhrkohle AG. Maßgeblich beteiligt war auch der Grafschafter Museums- und Geschichtsverein e.V., der an verschiedenen Stellen erfolgreich Fördermittel beantragt und das Betriebsgebäude in Eigenregie restauriert hat. Die maschinelle Ausstattung des Gebäudes aus dem Jahre 1906 blieb dabei fast vollständig erhalten und kann heute besichtigt werden. Im Jahr 2000 war die Restaurierung abgeschlossen, und das Fördermaschinengebäude wurde eröffnet. Die Nordrhein-Westfalen-Stiftung unterstützte die Sanierungsarbeiten an Schacht IV gemeinsam mit dem Land NRW, der Ruhrkohle AG und der Deutschen Stiftung Denkmalschutz.
Herzstück des Industriedenkmals ist die mächtige Förderanlage, die an ihrem ursprünglichen Standort im Maschinengebäude noch originalgetreu erhalten ist. 84 Jahre lang hat das 700-PS-Kraftpaket treu seine Dienste getan, bis es 1990 in den wohlverdienten Ruhestand geschickt wurde. Begleitet von typischen, vom Band eingespielten Bergbau-Geräuschen begeben sich die Besucher auf einen kurzweiligen Streifzug durch die Bergbaugeschichte.

Fotos und liebevoll zusammengetragene Exponate vermitteln Einblicke in die Zeit, als der Bergbau das Leben im Ruhrgebiet fest in seiner Hand hatte. Videofilme zeigen, wie sich der Bergbau im Laufe der Zeit gewan-

delt hat, den jungen Besuchern bringen kindgerechte Dokumentationen das Thema näher. Ehemalige Bergleute organisieren die Führungen. Sie sind jederzeit für Fragen offen und ergänzen das Gezeigte mit persönlichen Erlebnissen und Anekdoten.

Das Industriedenkmal dokumentiert die Geschichte der Anlage und vermittelt lebendige Eindrücke vom Arbeitsalltag der Kumpel. Das Fördergerüst von Schacht IV ist der letzte übertägige Zeuge des einstmals so ertragreichen und mächtigen Rheinpreussen-Bergbaus, dessen Erfolgsgeschichte 1851 mit ersten Probebohrungen durch den Geheimen Kommerzienrat Franz Haniel begann. Bis in die 1990er-Jahre wurde das schwarze Gold aus dem 93,5 Quadratkilometer großen, ersten linksrheinischen Grubenfeld gefördert. Insgesamt waren neun Schächte nötig, um das gigantische Areal – das Feld der Essener Zeche Zollverein beispielsweise maß 13,8 Quadratkilometer – zu erschließen.

Auf Schacht IV ist der Brückenschlag zwischen Tradition und Moderne gelungen: Zum einen ist die Anlage heute ein lebendiges Industriedenkmal, zu dem Geschichtsinteressierte einen

Ehemalige Bergleute können bei Führungen persönliche Erlebnisse und Anekdoten beisteuern.